Bilderbücher in der Kita

Der kompakte Praxisratgeber

Silke Hubrig

Von Bilderbuchauswahl bis Vorlesetechniken

Verlag an der Ruhr

Impressum

Titel
Bilderbücher in der Kita – der kompakte Praxisratgeber
Von Bilderbuchauswahl bis Vorlesetechniken

Autorin
Silke Hubrig

Motive für Umschlag und Schmutztitel
Foto: © New Africa – shutterstock.com, Illustration: limitless_09 – stock.adobe.com

Fotos und Illustrationen im Innenteil
© Gorilla (S. 6), © lordn (S. 9), © Oksana Kuzmina (S. 13), © Claudia Paulussen (S. 21), © lagom (S. 25), © Tyler Olson (S. 52), © WavebreakMediaMicro (S. 73) – alle stock.adobe.com

© Sasenki (S. 14), © Tatiana Bobkova (S. 17, 45), © ksenvitaln (S. 19, 20, 23, 24, 27, 31, 34, 36, 38, 40–42, 55, 62, 65–69, 71), © mayrum (S. 28), © Gladskikh Tatiana (S. 30), Lordn (S. 32), © fotorawin (S. 38), © Oksana Kuzmina (S. 40), © Hallgerd (S. 51), © Tomsickova Tatyana (S. 55), © Liderina (S. 58), © wavebreakmedia (S. 61), © New Africa (S. 66), © Rawpixel.com (S. 80) – alle shutterstock.com

Layout
Melanie Reich, ideenreich

Druck
AZ Druck und Datentechnik GmbH, Kempten, DE

Verlag an der Ruhr
Mülheim an der Ruhr
www.verlagruhr.de

ISBN 978-3-8346-4397-1

Inhaltsverzeichnis

Ein paar Worte vorab

Bilderbücher sind ein Schatz der Kindheit. Sie können lange nachwirken. Viele Erwachsene kennen noch ihre Lieblingsbilderbücher aus ihrer eigenen Kindheit. Vorlesen bekommen bedeutet nicht nur Zuwendung einer erwachsenen Person, Entspannung und Freude. Vielmehr ist der aktive Umgang mit Bilderbüchern ein wichtiger Teil der gesamten frühkindlichen Entwicklung und insbesondere der Sprachförderung. Kinder, die schon früh mit Büchern in Kontakt kommen und denen viel vorgelesen wird, haben es leichter, lesen und schreiben zu lernen.

Die Vorlesestudie (2016) verdeutlicht, dass es 91 Prozent der Kinder in Deutschland gut gefällt, wenn ihnen vorgelesen wird. Dabei zeigen die Kinder genaue Vorstellungen, welche Geschichten ihnen besonders gut gefallen *(vgl. Stiftung Lesen, 2019).*

Bilderbücher sind in jeder Kita und in vielen Haushalten mit Kindern zu finden. Es ist das Medium, das Vorschulkindern am meisten entspricht, auch deshalb, weil sie oftmals ohne Text auskommen und daher auch für Kinder zugänglich sind, die noch nicht lesen können. Sie können diese Bücher auch ohne einen Erwachsenen „lesen“.

In der Regel werden Bilderbücher vorgelesen, wenn die Kinder darum bitten. Vorlesen wird zum Ausruhen oder als Lückenfüller im pädagogischen Alltag genutzt. Es gibt jedoch viele Möglichkeiten, Bilderbücher in der Kita und in der Familie anzubieten und zu nutzen. Vom Bilderbuchkino bis zur eigenen Kita-Bücherei ist alles möglich. Und nicht nur die Kinder profitieren in allen Entwicklungsbereichen davon, sondern auch die Erwachsenen finden durch Bilderbücher oft wieder Freude am Lesen und an Geschichten. Gemeinsam mit dem Kind ist es eine Qualität und Intensität, die in Erinnerung bleibt.

Grundlegendes zu Bilderbüchern und zur Sprach- und Leseentwicklung von Kindern

Bilderbücher sind Bücher, die speziell für Kinder geschrieben und illustriert sind. Der Inhalt des Buches wird gemäß dem kindlichen Entwicklungsstand durch Bilder mit begleitendem Text vermittelt. Bild und Text stehen in Wechselbeziehung zueinander.

DIE BEDEUTUNG VOM UMGANG MIT BILDERBÜCHERN FÜR DIE KINDLICHE ENTWICKLUNG

Die aktive Auseinandersetzung mit einem Bilderbuch bedeutet nicht nur Unterhaltung und Freude für das Kind, sondern kann die gesamte Persönlichkeit eines Kindes fördern.

Je nach Inhalt des Bilderbuches wird das Kind zum **Nachdenken über bestimmte Themen** angeregt, z. B. über Umweltverschmutzung. Das Kind kann so neues Wissen erwerben und es mit neuen Informationen verknüpfen, wie etwa: wo wird der Müll hingebracht, den das Müllauto abholt, oder wie entsteht das Wetter? Diese Informationen können dem Kind dabei helfen, sich in seiner Umwelt zu orientieren und diese zu verstehen. Möglicherweise können sie durch eine Geschichte, die im Bilderbuch gezeigt wird, **Problemlösestrategien** entwickeln und Schlüsse für ihr eigenes Handeln daraus ableiten. So können sie aus den Fehlern der Bilderbuchfiguren lernen. Kinder haben die Chance, durch die Geschichte neue Perspektiven einzunehmen und Empathie zu üben. Bilderbücher können auch soziale Werte, wie Höflichkeit oder Toleranz vermitteln. Vorurteile und Klischees können überdacht und abgebaut werden.

Die aktive Beschäftigung mit einem Bilderbuch kann **Gefühle freisetzen**. Das Buch bietet ein hervorragendes Medium, um über Gefühle sprechen zu können. Über Gefühle zu sprechen, wirkt sich positiv auf die **emotionale** und **soziale Entwicklung** der Kinder aus. Durch die Bilderbücher lernen Kinder die Ausdrücke und die feinen Differenzierungen verschiedener Gefühle kennen. Sie sehen die Mimik, Gestik und Körperhaltung der dargestellten Figuren, die bestimmte Gefühle ausdrücken, und lernen die entsprechenden Wörter für das Gefühl. Die Stimmung, die der Text vermittelt, und die begleitenden Bilder dazu, verdeutlichen Gefühle. Kinder identifizieren sich mit den Gefühlen der Hauptfiguren des Buches und bekommen so einen Zugang zu ihren eigenen Emotionen, z. B.: „Ich bin auch schon einmal richtig wütend gewesen, weil meine große Schwester immer schneller beim Anziehen ist, als ich." Die Situationen und damit zusammenhängenden Gefühle können besprochen werden. So können gefühlsbesetzte Themen wie etwa „Trennung" oder „Angst" bearbeitet werden. Negative Gefühle können abgemildert oder durch positive Gefühle ersetzt werden. Kinder können auch dazu motiviert werden, sich in das Gefühlsleben der Figur im Bilderbuch zu versetzen, Vergleiche zu eigenen Erfahrungen herzustellen und der Figur im Buch empathische Tipps zur Gefühlsregulation geben.

Ein Eintauchen in Fantasiewelten fördert das Vorstellungsvermögen und die **Fantasie** des Kindes – eine Welt, die erst einmal nicht logisch ist und in der alles möglich ist.

Beim Bilderbuchvorlesen wird oft eine **große Nähe** zwischen Vorlesendem und Kind hergestellt. Diese Nähe und der Körperkontakt können entspannend, wohltuend und auch tröstend sein. Es kann ein Austausch über das Buch, den Inhalt und die Bilder stattfinden.

Die Kinder üben, sich auf das Buch und seinen Inhalt aufmerksam zu **konzentrieren**. Bei längeren Textabschnitten und Bilderbüchern trainieren sie, für eine Weile ausdauernd zuzuhören und still zu sitzen. Bei der Bilderbuchbetrachtung wird die selektive Aufmerksamkeit der Kinder gefördert. Sie konzentrieren sich beispielsweise auf das Buch, während im Gruppenraum in der Bauecke gerade ein interessanter Turm gebaut wird. Oder sie konzentrieren sich weiter auf den Fortgang der Geschichte des Buches und bleiben nicht mit ihrer vollen Aufmerksamkeit an einem Bilddetail hängen, was sie darin behindert, die Geschichte weiter zu verfolgen. Auch die geteilte Aufmerksamkeit kann geübt werden. So lernen Kinder, Bild und Text gleichzeitig wahrzunehmen.

Sie können den Umgang mit Bilderbüchern und daraus resultierende kognitive Fertigkeiten beobachten und dokumentieren. Im Anhang finden Sie in der „Checkliste zur Einschätzung kognitiver Fertigkeiten im Umgang mit Bilderbüchern" gesammelte Beobachtungspunkte, mit denen Sie den Fortschritt Ihrer Kinder festhalten können.

Bilderbücher fördern Gedächtnisprozesse

Bilderbücher eignen sich sehr gut, um die Gedächtnisprozesse der Kinder in Gang zu bringen und zu fördern. Die Verknüpfung von Bild und Text hilft dabei, dass sich die Kinder die gelesene Geschichte vorstellen und rekapitulieren. Durch die Bilder kann die Geschichte auch ohne Text erinnert werden.

So manche Eltern und pädagogische Fachkräfte sind erstaunt darüber, wenn ein Kind plötzlich zeigt, dass es ganze Textpassagen oder ein ganzes Buch bereits auswendig mitsprechen kann. Dazu kommt noch, dass Kinder nicht „stumpf" etwas wiederholen, sondern die Geschichte im Gedächtnis gestalten, indem sie ihr bisheriges Wissen mit neuen Einfällen und Einzelheiten bereichern. Sie integrieren neues Wissen in ihr bisheriges Wissen *(vgl. Kain, 2011, S. 22 ff.)*.

Bilderbücher fördern die visuelle Wahrnehmung

Durch die Betrachtung der Bilder in den Bilderbüchern wird dieser Bereich der Wahrnehmungsentwicklung der Kinder gefördert. Die Sinneseindrücke werden durch die besonderen Gestaltungen der Bilder bereichert. In unserem Alltag bekommen Kinder sehr viele visuelle Reize. In Bilderbüchern können Kinder üben, genau hinzuschauen, Details zu erkennen und diese zu einem Gesamtbild zu erfassen. Vorschulkinder können ihre Konzentrationsfähigkeit fördern, indem sie etwas genau und konzentriert angucken und das Gesehene reflektieren können.

Bilderbücher fördern die Sprachentwicklung der Kinder

Hinsichtlich des Erwerbs sprachlicher Fähigkeiten beim aktiven Umgang mit Bilderbüchern können insbesondere prosodische, linguistische und pragmatische Kompetenzen hervorgehoben werden. Die **prosodischen Eigenschaften** einer Sprache umfassen die Bereiche Betonung, Rhythmus und Intonation – also die Sprechmelodie. In der Sprachentwicklung geht es um die Fähigkeit, diese Sprachmelodie wahrzunehmen, zu unterscheiden und zu produzieren. Die **linguistische Kompetenz** teilt sich in folgende Teilkompetenzen auf: die Organisation von Wahrnehmung und Verwendung von Sprachlauten, Wortbildung, Satzbildung, Wortbedeutung und Satzbedeutung. Die **pragmatische Kompetenz** umfasst sprachliches Handeln, also wie mit anderen kommuniziert wird. Wenn die Kinder Geschichten vorgelesen bekommen, so lernen sie die besondere Melodie und den Rhythmus der

Sprache. Studien belegen, dass sich der Wortschatz und die Handhabung der Wortbedeutung der Kinder verbessert, wenn ihnen oft vorgelesen wird *(vgl. Kain, 2011, S. 16 ff.).* Dass Kinder sich mit einem großen Wortschatz und einem sicheren Umgang mit Sprache gut sprachlich ausdrücken und kommunizieren können, liegt auf der Hand. Der Zusammenhang zwischen der **Sprachentwicklung im Vorschulalter** und dem **späteren Schulerfolg** (z. B. beim Leseverständnis und der Rechtschreibfähigkeit) ist sehr gut belegt *(vgl. Storch, S. A., Whitehurst, G. J., 2002, S. 934 ff.).* So brachte etwa die Vorlesestudie aus dem Jahre 2018 hervor, dass regelmäßiges Vorlesen dem Kind das Lesenlernen in der Grundschule erleichtert. Ca. 78 Prozent der Kinder, denen mehrmals in der Woche oder täglich vorgelesen wurde, fiel laut Studie Lesenlernen leicht.

Bei den anderen Kindern ist das laut ihren Eltern deutlich seltener der Fall (50 Prozent). Fragt man die Kinder selbst, ist sogar mehr als die Hälfte der Kinder mit wenig Vorleseerfahrung frustriert, weil das Lesenlernen ihnen zu lange dauert (52 Prozent), gegenüber nur 28 Prozent derjenigen, denen regelmäßig vorgelesen wurde *(vgl. Vorlesestudie, 2018).*

Bilderbücher fördern die erzählenden Fertigkeiten der Kinder

Kinder, denen viel vorgelesen wird, bekommen ein gutes Gefühl für die Erzählstruktur von Geschichten. Sie lernen dabei, dass jede Geschichte einen klassischen Aufbau hat, eine Einleitung, eine Hinführung zum Höhepunkt der Geschichte, der Höhepunkt selbst und ein Ende. Jede Geschichte findet an bestimmten Schauplätzen, mit bestimmten Personen oder Tieren statt. Daneben hat eine Geschichte auch immer episodische Komponenten, die sich auf die Motive, Interessen, Gedanken und Gefühle der Hauptfiguren beziehen. Bekommen Kinder dieses schon früh präsentiert, so stärkt es ihre eigenen erzählenden Fertigkeiten *(vgl. Kain, 2011, S. 17 ff.).*

DURCH VERSCHIEDENE BILDERBÜCHER KINDER AN DIE WELT DER LITERATUR HERANFÜHREN

Kinder an Literatur heranführen („emergent literacy")

Hier geht es um das Erlernen des Umgangs mit Büchern und mit der Schriftkultur, bevor die Kinder zur Schule kommen und es dort systematisch lernen. Vor dem Lesen- und Schreibenlernen in der Schule entwickeln die Kinder durch die Bilderbucherfahrungen eine **Vertrautheit zu Büchern**. Sie erfahren, dass Schrift gesprochene Sprache ist. Sie wissen, dass es Bilder und Schrift gibt, die zusammen eine Geschichte erzählen oder etwas erklären. Sie wissen, wie ein Buch zu halten ist, wo es anfängt und aufhört. Sie wissen, was „umblättern" bedeutet, und kennen die Leserichtung der Schrift. Deutlich wird dieses, wenn die Kinder lesen „spielen" und mit dem Zeigefinger beim Sprechen von links nach rechts über die Seiten streichen. Bilderbucherfahrende Kinder kennen schon im Kindergartenalter einige Logos, beispielsweise das ihrer Sachwissen-Lieblingsreihe. All diese Fähigkeiten motivieren Kinder, ein Interesse an Büchern (weiter) zu entwickeln und schnell selbst das Lesen zu lernen. Diese Motivation ist hilfreich für einen erfolgreichen Schulstart. Letztendlich wird das Kind durch den Umgang mit Büchern ein Stück weit **medienkompetent**. Ist es mit der Nutzung von Bilderbüchern vertraut, so ist es in der Lage, sich selbständig zwischen Medien, wie Hörbücher, Fernsehen oder Computer, zu entscheiden.

Durch ein genaues Betrachten der Bilder kann die **Wahrnehmung** eines Kindes sensibilisiert werden. Zudem entwickelt das Kind ein ästhetisches Empfinden. Bilderbücher können schon in frühen Jahren die Lese- und Sehgewohnheiten des Kindes prägen. Sie werden mit den Bildern und der Machart von Bilderbüchern vertraut.

Neben Fernsehen und Hörspielen sind Bilderbücher die ersten **„gesellschaftlichen Unterhalter"** der Kinder. Sind die Kinder „im Bilde" und wissen um die neuen Medienhelden und Medienheldinnen, können sie in der Kindergruppe mitreden und mitspielen.

Und sogar die **Motorik** kann bei einem jungen Kind durch das Halten des Buches und Umblättern der Seiten trainiert werden.

Die Buchauswahl auf die kognitive Entwicklung des Kindes abstimmen

Versuchen Sie, die Art und Weise der Bilderbuchbetrachtung und die Auswahl des Buches (z. B. hinsichtlich Textlänge oder Komplexität der Handlungen) auf die **kognitive Entwicklung** der Kinder abzustimmen. Diese kann trotz desselben Alters sehr unterschiedlich sein. Sie haben nicht nur mit dem allgemeinen kognitiven Entwicklungsstand, sondern auch mit den Vorlese-erfahrungen sowie dem grundsätzlichen Interesse an Bilderbüchern zu tun.

Die ersten Bücher, die Kinder unter zwei Jahren vorgelesen bekommen bzw. betrachten, haben einfache Bilder. Es sind Gegenstände zu sehen, die die Kinder bereits kennen, wie etwa ein Auto, eine Sonne oder ein Ball. Daneben können auch Gefühle bildlich dargestellt werden, beispielsweise ein wütender

Erwachsener oder ein fröhliches Kind. Die Bilder regen zum Erzählen an. Ein Text ist oft überflüssig, denn die Bilder sind das Wesentliche für das Kind. Damit die Kinder das Buch selber umblättern können, sind die Seiten aus Pappe.

Im Alter von **zwei oder drei Jahren** fangen die Kinder an, „richtig" zu sprechen. Sie wollen mitreden und sich an Gesprächen beteiligen. Durch Bilderbücher werden sie immer wieder zum Sprechen angeregt. Sie werden ermutigt, Fragen zu beantworten, Fragen zur Geschichte zu stellen und Textstellen in eigenen Worten wiederzugeben. Die Geschichten sind einfach gehalten und haben oft eine alltagsnahe Handlung ohne weitere Nebenhandlungen. Es gibt nur einen Hauptprotagonisten oder eine Protagonistin und dazu nur wenige weitere Figuren in der Geschichte. So haben die Kinder die Chance, das Schema der Geschichte zu durchschauen. Es ist interessant für sie, bereits beim Umblättern die Handlung zu durchschauen und zu wissen, was folgt. Die Bilder nehmen den meisten Raum des Buches ein und der Text beschränkt sich auf wenige Sätze.

Kinder im Alter von **drei oder vier Jahren** sind schon in der Lage, längere Handlungen und Texte nachzuvollziehen. Sie können bereits abstraktere Themen, wie Liebe oder Trennung verstehen. Inhalte aus den Bilderbüchern können Kinder auf sich und ihr Leben übertragen. Deutlich wird das besonders, wenn die Bilderbuchinhalte im Rollenspiel wieder auftauchen.

Vier- und fünfjährige Kinder sind in ihrer Entwicklung schon so weit, dass sie verschiedene Standpunkte in einer Geschichte einnehmen können. Sie können die Haupthandlung von Nebenhandlungen unterscheiden und der Geschichte auch mit mehreren handelnden Figuren folgen. Nicht nur der Text darf nun komplexer sein, sondern auch die Bilder.

Fünf- und sechsjährige Kinder beginnen, sich insbesondere als „zukünftiges Schulkind" dafür zu interessieren, selbst schreiben und lesen zu lernen. Sie sind in der Lage, auf große Bilder zu verzichten und einer Geschichte nur mit Text folgen zu können.

Kinder aus bildungsfernen Familien

In Kitas, in denen viele Kinder aus bildungsfernen Familien sind, haben Bücher eine besondere Bedeutung. In bildungsfernen Familien haben die Kinder keinen selbstverständlichen Zugang zu Büchern, wie Kinder aus bildungsnahen Familien. Audiovisuelle Medien werden Bilderbüchern und Vorlesebüchern oft vorgezogen. Ein hoher Fernsehkonsum und das Fehlen von Büchern in der kindlichen Lebenswelt wirkt sich negativ auf die kindliche Entwicklung aus und damit werden auch die Weichen für den beruflichen Werdegang gestellt. Bildungsferne Kinder hinken in ihrer sprachlichen Entwicklung gegenüber Gleichaltrigen teilweise hinterher. Sie haben einen geringeren Wortschatz, eine dadurch bedingte, grammatikalisch falsche Sprechweise und eine mangelnde Fähigkeit zum korrekten Erzählen *(vgl. Hering, 2016, S. 124)*. Die Kita hat die Möglichkeit, diese Mängel in einem gewissen Maße auszugleichen, indem sie die Kinder verstärkt an Bilderbücher, Schrift und Lesen heranführt.

Es gibt ein vielfältiges Angebot an Bilderbüchern

Den Kindern sollten möglichst viele unterschiedliche Bilderbücher mit vielfältigen Themen zur Verfügung stehen, wie etwa Szenenbilderbücher, Bücher über den Alltag von Kindern, Wimmelbücher und Suchbücher ohne Text, Abenteuerbücher, lustige Bücher, problemorientierte Bücher, Sachbücher, Bücher zum Jahresablauf (z. B. Thema Sommer oder Weihnachten), Lexika, kindgerechte Märchen, fantastische Bücher, künstlerisch gestaltete Bücher, Bilderbücher zu TV-Serien und auch Bücher in anderen Sprachen.

Im Folgenden werden einige Bilderbuchgruppen, die für Kinder ab 3 Jahren bedeutsam sind, näher beschrieben.

Sachbilderbücher

Sachbilderbücher zeigen Zusammenhänge auf. Das Sachbilderbuch bietet einen Einblick in unbekannte Welten und Themengebiete ohne „Umwege" über handelnde Helden und Heldinnen, also ohne die Einbettung in eine Geschichte. Manchmal jedoch ist es so, dass Figuren die Kinder durch das Sachbuch führen und begleiten. In Sachbüchern wird beschrieben und erklärt, wie etwas funktioniert oder wie etwas zustande kommt. Die Themenbereiche sind meist Natur und Tiere, Technik und Kultur. Um das zu verstehen, müssen Kinder bereits ein **gewisses Maß an Sprachverständnis** haben *(vgl. Merkel, 2010, S. 185)*. Vorschulkindgerechte Sachbücher bieten dem Kind einen ersten Zugang zu den Textsorten des Beschreibens und Erklärens. Sie lernen damit eine Informationsquelle kennen, mit der sie ihr Wissen (wenn sie später lesen können) selbständig erweitern und vertiefen können. Insbesondere bei Sachbüchern ist es manchmal gar nicht so wichtig, ob das Buch genau für die Altersgruppe des jeweiligen Kindes gedacht ist. Die Hauptsache ist, dass die Bilder ansprechend sind und das Kind neugierig wird, was das Buch erklärt. Erwachsene müssen den Text ggf. schnell „überfliegen" und kindgerecht verändert erzählen. Manche Kinder schauen sich auch gerne Tierlexika (für Erwachsene) an und fragen bei besonders interessanten Bildern nach dem Text.

In der **Projektarbeit** und in Kita-Lernstätten gehören Sachbücher zur Grundausstattung. In Funktionsräumen und Funktionsecken können Sachbücher eine Inspirationsquelle zum Spiel bzw. eine Informationsquelle sein.
So können in der Bauecke oder im Bauraum beispielsweise Bücher über Architektur oder ein Sachbuch über Türme angeboten werden und in der Rollenspielecke ein Buch zum Thema Mode.

Bilderbuchgeschichten

Bilderbuchgeschichten sind für jüngere Vorschulkinder gut geeignet. Sie stellen Szenen aus der kindlichen Lebenswelt dar, zum Beispiel „Ich streite und vertrage mich“ oder „Ich gehe ins Bett“. Bilderbuchgeschichten führen die Kinder an das Verstehen einer Geschichte heran. Sie haben einen einfachen Handlungsverlauf, ohne Nebenhandlungen. Oftmals interagieren eine für Kinder überschaubare Anzahl an Protagonisten. Dabei steht eine Figur klar im Mittelpunkt. Die klaren Bilder werden durch kurze Sätze ergänzt, welche für die Aussage des Bildes allerdings nicht notwendig sind.

Wimmelbücher

Wimmelbücher sind eine besondere Form des Bilderbuches. Sie sind häufig großformatig. Sie haben keinen oder nur sehr wenig Text, sondern lediglich Bilder. Auf den Bildern sind Menschen, Tiere, Gegenstände, Alltagsszenen, bis hin zu ganzen Geschichten **detailreich dargestellt**. All dieses verbindet eine gemeinsame Umgebung, wie etwa „im Autostau" oder „auf dem Bauernhof". Weil es von Details nur so wimmelt, werden diese Bücher Wimmelbücher genannt. Die detaillierten Bilder regen zum genauen Hinsehen und Erzählen an. Ein Austausch zwischen Kind und Vorleser*in[1] entsteht. Bei jedem Durchsehen können neue Dinge entdeckt werden.

In manchen Wimmelbüchern sind kleine Geschichten versteckt. So taucht beispielsweise auf jeder Seite immer wieder eine Elster auf, die einen Löffel oder ein Schmuckstück im Schnabel hat, oder man sieht ihr Nest. Oftmals gibt es komplexe, sich ineinander verschränkende Handlungsverläufe:
Ein Jogger lernt eine Joggerin kennen und sie werden ein Liebespaar.
Ein Papagei fliegt aus dem Käfig und ist auf jeder Seite zu sehen, bis seine Besitzerin ihn wieder zu sich locken kann usw. *(vgl. Berner, Frühlings-Wimmelbuch, 2004).* Wimmelbücher können durch die Kita-Jahre hindurch genutzt werden. Je nach dem kindlichen Entwicklungsstand können sie auf unterschiedlichen Niveaus betrachtet werden und zum Sprechen anregen. Während kleine Kinder Dinge benennen, entdecken ältere Kinder den Zusammenhang kleinerer Geschichten, die sich über das ganze Buch erstrecken und manchmal miteinander verknüpft werden können.

Bilderbücher mit fantastischen Inhalten

Sobald in einem Buch etwas vorkommt, was es in der Realität nicht geben kann, zählt das Buch zur fantastischen Literatur. In fantastischen Bilderbüchern können zum Beispiel Tiere sprechen, haben Kinder übernatürliche Kräfte oder Gespenster tanzen um Mitternacht.

[1] Der Verlag an der Ruhr legt großen Wert auf eine geschlechtergerechte und inklusive Sprache. Daher nutzen wir das Gendersternchen, um sowohl männliche und weibliche als auch nichtbinäre Geschlechtsidentitäten einzuschließen.

LITERATURTIPPS

Lindgren, Astrid/Engelking, Katrin: **Hurra, Pippi Langstrumpf.** Oetinger. 2014.
Olfers, Sibylle: **Etwas von den Wurzelkindern.** Hase und Igel. 2011.
Ruck-Pauquèt, Gina: **Das Vier-Farben-Land.** Velber. 2010.

Die fantastischen Inhalte werden von Vorschulkindern gerne angenommen. Obwohl es kein Sams gibt, mit dessen Wunschpunkten sich etwas gewünscht werden kann, so genießen sie es, sich dieses vorzustellen und in der Fantasie zu erleben. Fantastische Bücher regen die Fantasie an. Kommt man mit den Kindern ins Gespräch, so äußern sich diese auch kreativ: „Ich will auch so ein Pferd haben wie Pippi Langstrumpf. Das kann doch bei Oma im Garten stehen oder bei uns auf dem Balkon. Und morgens reite ich damit zum Kindergarten.“ Diese kreativen Gedanken machen nicht nur Freude, sondern können auch bei **Problembewältigungen** helfen. Es wird am starren Denken gerüttelt und neue, alternative Gedanken können möglich werden. Fantastische Bilderbücher erklären die Welt nicht wie ein Sachbuch, sondern manchmal auf eine möglicherweise tröstende Art. Dieses zeigt sich beispielsweise in Büchern zum Thema Tod, in denen geliebte tote Menschen dem Protagonisten im Buch als Engel oder in anderer Form nah sind. Viele Bilderbücher mit fantastischen Inhalten fesseln Kinder so, dass sie in die ihnen dort beschriebene Welt abtauchen können. Insbesondere wenn es mehrere Teile gibt, freuen sich die Kinder auf den Wiedererkennungswert der ganz speziellen Welt der Bilderbücher *(vgl. Kautt, Phantastische Literatur, 2016).*

Manchmal sind fantastische Bilderbücher an die klassischen Märchen angelehnt, wie etwa „Arielle die Meerjungfrau“ an „Die kleine Meerjungfrau“ von Hans Christian Andersen. Sie kommen als Disneyfilme heraus und anschließend werden die Bücher zum Film vermarktet. Die dargestellten Geschlechterrollen sind kritisch zu betrachten und zu thematisieren.

Es gibt aber auch pädagogisch **wertvolle fantastische Bücher** mit märchenhaften Elementen, wie beispielsweise die zwei Bücher vom Drachen Zogg. Im ersten Buch ist Zogg in der Drachenschule und lernt dort alles, was Drachen können müssen. Er freundet sich mit Prinzessin Perle an, die ihn bei kleineren Unfällen während seiner Drachenübungen verarztet. Im zweiten Buch fliegt Zogg mit Prinzessin Perle und Ritter Schlagedrein als medizinisches Team durch die Lüfte, um anderen Tieren und Fabelwesen zu helfen und ein besonderes Abenteuer zu bestehen.

LITERATURTIPPS

Scheffler, Axel/Donaldson, Julia: **Zogg der Drache.** Beltz & Gelberg.
Scheffler, Axel/Donaldson, Julia: **Zogg und die Retter der Lüfte.** Beltz & Gelberg.

Berner, Rotraut Susanne: **Berners Märchencomics.** Jacoby & Stuart. Berlin, 2008.
In Comicform werden acht Märchen der Brüder Grimm kindgerecht erzählt und humorvoll verändert!

Märchen

Ursprünglich sind Märchen fantastische Literatur, die mündlich (in Spinnstuben oder Gesindestuben, jedenfalls in unserem Kulturbereich) überliefert wurde. Sie werden Volksmärchen genannt. Daneben gibt es auch sogenannte Kunstmärchen, bei denen der Autor bekannt ist, wie etwa die Märchen von Hans Christian Andersen oder Wilhelm Hauff. Märchen berichten von wundersamen Begebenheiten.

Es sind **fantastische Elemente** enthalten, beispielsweise in Form von Hexen und Zauberern, Zwergen, Einhörnern und Drachen. Märchen spiegeln auch immer die damaligen gesellschaftlichen Bedingungen wider, wie Herrschaft und Knechtschaft, Armut oder Familienformen.

Im Märchen stehen **Wunder und Wirklichkeit** nebeneinander und das ist sehr faszinierend für Kinder. In dieser Phase verstehen Kinder noch nicht die naturwissenschaftliche und technische Sicht auf die Welt und sie erklären sich Phänomene oft durch magische, fantastische Kräfte. Diese Entwicklungsphase wird **„magisches Denken"** genannt. Deutlich wird dieses beispielsweise darin, dass die Kinder an den Weihnachtsmann glauben. Die Art und Weise der Märchen entsprechen Kindern auch in ihrer klaren Einteilung von „Gut" und „Böse", wie etwa das gute Schneewittchen und die böse Königin. Kinder können noch nicht erkennen, dass es zwischen den Polen „Gut" und „Böse" noch andere Möglichkeiten geben kann. Die klare Zuschreibung in den Märchen kann ihnen im Märchen eine Orientierung geben *(vgl. Fröhlich, 2002, S. 120).*

In Märchen geht es in der Regel um **existenzielle Fragen** des Lebens, wie beispielsweise Liebe, Trennung oder Neubeginn. Die innere Haltung der Protagonist*innen im Märchen sind symbolhaft auf das wirkliche Leben übertragbar. Pädagogische Fachkräfte können sie nutzen, um mit den Kindern beispielsweise über bestimmte Ängste oder Bedürfnisse ins Gespräch zu kommen.

Ein **Nachteil der Märchen** ist, dass sie oftmals brutale und grausame Szenen beschreiben. So werden Hänsel und Gretel von den Eltern absichtlich so in den Wald geschickt, dass sie nicht nach Hause zurückfinden können, und am Ende wird eine Hexe in den brennenden Ofen gestoßen. Die pädagogischen Fachkräfte sollten eine Auswahl treffen und vorher genau überlegen, was sie den Kindern ihrer Gruppe zumuten können und möchten.

Es gibt noch einen weiteren problematischen Aspekt für Kinder. In den Märchen werden **traditionelle Geschlechterrollen** präsentiert, welche die Kinder nicht als „historisch interessant" verarbeiten, sondern sich die Botschaften an die Geschlechterrollen einverleiben.

Allzu oft wird dargestellt, dass es erstrebenswert ist, eine Prinzessin zu sein – und zwar eine besonders schöne! Die Guten in den Märchen sind oftmals auch die Schönsten! Prinzen haben die Aufgabe, schöne Prinzessinnen zu retten und zu erlösen. Pädagogische Fachkräfte sollten diese Geschlechterrollen thematisieren und hinterfragen. Um diese zu verdeutlichen, ist es auch möglich, ein Märchen einmal mit getauschten Geschlechterrollen vorzulesen. Alles, was eine Prinzessin tut, das macht der Prinz und umgekehrt.

LITERATURTIPP

De Haan Linda/Nijland, Stern: **König & König.** Gerstenberg. Hildesheim, 2014.
In diesem Buch soll ein Prinz eine Prinzessin zum Heiraten finden. Das befiehlt seine Mutter, die Königin, die endlich in den Ruhestand gehen will. Sie lädt viele Prinzessinnen aus der ganzen Welt ein, die sich dem Prinzen präsentieren. Der Prinz verliebt sich in den Bruder einer Prinzessin. Die Liebe trifft auf Gegenseitigkeit und die Männer heiraten. Es wird eine schöne, königliche Hochzeit gefeiert.

Bücher für alle Lebenslagen

Um das **Gefühl von Zugehörigkeit** in der Kita-Gruppe zu haben, „richtig" zu sein und sich nicht „fehl am Platz" zu fühlen, brauchen alle Kinder Bilderbücher, in denen sie sich und ihre Situation wiederfinden können, wie etwa ihre Kultur, ihr Geschlecht, ihre besonderen Fähigkeiten etc.
Problemorientierte Bücher gehen auf Themen ein, die Kinder im Alltag begegnen oder begegnen könnten, wie etwa Streit, Krankheit, Demenz der Großeltern, Trennung der Eltern oder Umzug. Betroffene Kinder können Trost in den Bilderbüchern finden, weil sie sehen, dass auch andere in dieser Situation sind und Strategien haben, um damit gut umzugehen. Kinder, die nicht von diesen Problemen betroffen sind, erweitern durch die Bilderbücher ihr Wissen über die Welt.

Der Markt an Bilderbüchern zu bestimmten Themen ist sehr groß. Dadurch kann das Buch stets auf das Problem, die Lebenslage und den Entwicklungsstand des betroffenen Kindes abgestimmt werden. In einer Bibliothek oder dem Buchhandel können Sie recherchieren und sich beraten lassen. Werden Bücher zum Thema „Übergang von der Kita zur Schule" gesucht, ist es bei einigen Kindern passend, ein Sachbuch zu wählen, in dem Schule gefühlsneutral dargestellt wird: z. B. wenn die Kinder in einer anderen Kultur aufgewachsen sind oder keine älteren Geschwister haben.

LITERATURTIPP

Rübel, Doris: **Ich komme in die Schule.** In: Wieso? Weshalb? Warum?. Band 14. Ravensburger Verlag. Ravensburg, 2013.

Für ein anderes Kind wäre ein Buch passender, welches humorvoll auf die Ängste der Kinder eingeht, die nicht wissen, was sie in der Schule genau erwartet.

LITERATURTIPPS

Jörg, Sabine: **Der Ernst des Lebens.** Thienemann Verlag. Augsburg, 1996/2017.

Nele Moost und *Pieter Kunstreich*: **Wenn die Ziege schwimmen lernt.** Beltz & Gelberg. Bad Langensalza, 2018.
Ein Buch zum Thema Schule, welches hervorhebt, dass alle Stärken in unterschiedlichen Bereichen haben und nicht alle dasselbe können.

Wenn Sie ein Buch speziell zu den Kindern aussuchen wollen, sollten Sie im Vorfeld überlegen, wie Sie das Buch mit den Kindern **thematisieren**. Ist es sinnvoll, den Kindern zu sagen, dass Sie das Buch bewusst ausgesucht haben, oder könnte das Probleme unter den Kindern oder speziell für ein Kind bedeutet? Wenn Sie ein Buch benutzen wollen, um ein Problem oder eine Situation für ein bestimmtes Kind anzusprechen, dann ist es nicht ratsam, das offen zu kommunizieren. Lesen Sie die Geschichte einfach, ohne Hinweis auf die gewünschte Wirkung beim Kind, vor. Das anzusprechende Kind kann unterbewusst oder bewusst, aber nur für sich entscheiden, dass die Geschichte es selbst betrifft und seine Schlüsse daraus ziehen. Im Nachgang können Sie das Kind einzeln ansprechen und ihm **ein Gespräch** über die Geschichte anbieten. Anders kann das bei einer Geschichte sein, die speziell zu einer Situation in der Kita ausgewählt wurde (z. B. ein großer Streit oder Unordnung in der Kita). Durch den Hinweis oder den Vergleich mit dieser Situation kriegen die Kinder **einen Hörauftrag** und setzen sich gegebenenfalls anders mit dem Buch auseinander.

Stellen Sie sich auch die Frage: Wann ist es sinnvoll, das Buch vorzulesen, und wann sollte es den Kindern einfach nur in der Leseecke zur Verfügung gestellt werden?

Ganz praktisch: Bilderbücher in der Kita

Grundsätzlich sollen die Kinder mit Büchern aufwachsen. Den Kindern sollte eine Vielzahl von Bilderbüchern selbständig zugänglich sein. So können sie selbstbestimmt auf sie zurückgreifen, wenn ihnen danach ist. Daneben sollte das Vorlesen ein fester Bestandteil des Familien- und Kita-Alltags sein.

BILDERBÜCHER VORLESEN

Geschichten erzählen

Insbesondere bei jüngeren Kindern kann man noch mehr Nähe und Augenkontakt herstellen, indem eine Geschichte erzählt und nicht vorgelesen wird. Ein großer Vorteil gegenüber dem Vorlesen ist es, dass Inhalt und Länge der Geschichte der Reaktion der Kinder angepasst werden kann. Schön ist es, die Kinder in das Erzählen der Geschichte einzubinden, sodass sie den Geschichtenverlauf maßgeblich **mitbestimmen**. Dazu können Sie den Kindern zuvor die Möglichkeit geben, Ihnen ein paar Begriffe zu nennen, die in der Geschichte vorkommen sollen. Diese Methode bindet die Kinder nicht nur mit ein, sondern kann Ihnen auch als Idee für eine Geschichte dienen. Die Geschichte wird **bunter und erlebnisreicher** durch die Kinder. Durch das Einbringen eigener Ideen sind die Kinder mit Leib und Seele bei der Sache. Es muss im Vorfeld also kein ausgefeiltes und dramatisches Drehbuch im Kopf geschrieben werden. Am besten ist es, einfach mit einer Geschichte zu beginnen. Ansatzpunkte für einen Beginn gibt es genug. Viele Kinder mögen es, wenn die erwachsene Bezugsperson Erlebnisse und Szenen **aus dem eigenen Leben** erzählt, z. B. aus der eigenen Kindheit oder lustige Ereignisse, die vor kurzer Zeit passiert sind. Auch Fantasiegeschichten werden von den Kindern gerne gehört. Hier sollte sich die erzählende Person jedoch vorher einige Gedanken zum Inhalt der Geschichte machen, damit sie verständlich und nachvollziehbar wird. Einfacher und kindgerecht ist eine Mischung aus realen und fantastischen Elementen in einer Geschichte. So könnte beispielsweise eine kleine Hexe den Kindergartenalltag durcheinanderbringen. Wenn der erzählenden Person einmal keine Geschichte einfällt, die sie gerne erzählen möchte, so kann sie auch einfach eine Geschichte aus einem Bilderbuch wiedergeben. Je älter die Kinder, desto umfangreicher können die erzählten Geschichten werden. Gut erzählte Geschichten können den Kindern Lust auf Geschichten in Büchern machen.

ERZÄHLTIPPS

- Denken Sie sich im Vorfeld eine Situation aus, die die Kinder interessieren könnte und vor allem: die Sie gerne erzählen möchten!
- Suchen Sie sich einen ruhigen und gemütlichen Ort aus und planen Sie genügend Zeit ein, um die Geschichte erzählen zu können.
- Beginnen Sie deutlich, in kurzen Sätzen und mit dramatischen Sprechpausen zu erzählen.
- Drücken Sie mit Ihrer Stimme (in unterschiedlichen Lautstärken, Sprechtempos und Betonungen) die Stimmungen der Figuren in der Geschichte aus.
- Nutzen Sie auch die Körpersprache (Gestik und Mimik), um das Gesagte zu verdeutlichen.
- Schauen Sie die Kinder beim Erzählen an und nehmen Sie Blickkontakt zu ihnen auf. So erkennen Sie auch frühzeitig, ob Ihre Zuhörer sich noch konzentrieren können.
- Nehmen Sie die Reaktion der Kinder auf Ihre Worte wahr und reagieren Sie entsprechend – beispielsweise durch eine Abänderung der Geschichte.
- Geben Sie Raum für Rückfragen und erklären Sie gegebenenfalls Begriffe, die den Kindern unklar sein könnten.
- Beziehen Sie die Kinder mit ein, indem Sie an bestimmten Stellen nach ihren Vermutungen und Ideen fragen.
- Kommen Sie spätestens dann zum Schluss, wenn Sie merken, dass die Konzentration der Kinder nachlässt.

Klassisches Vorlesen

Das klassische Vorlesen wird in der Regel im Stuhlkreis mit der gesamten Gruppe oder mit einer Kleingruppe durchgeführt. Der Erwachsene liest ein großformatiges Bilderbuch vor und die Kinder hören zu. Die Bilder des Buches werden nach jedem Textabschnitt auf einer Seite im Kreis herumgezeigt.
Je kleiner die Kindergruppe, desto besser können die Kinder die gezeigten Bilder des Buches sehen und sich auf das Vorlesen konzentrieren. Die Kinder konsumieren tendenziell passiv, denn Kommentieren des Gehörten und Gesehenen oder Nachfragen sind erst einmal nicht vorgesehen, sondern sollten nach Beendigung des Vorlesens stattfinden. Diese Regel sollte mit den Kindern vorher besprochen werden.

VORLESETIPPS

- Lesen Sie vorab das Buch für sich, damit Sie wissen, was beim Vorlesen auf Sie zukommt.
- Sprechen Sie deutlich beim Vorlesen und beachten Sie die Erzähltipps *(vgl. S. 27)*.
- Machen Sie an geeigneten Stellen kurze Pausen. Das erhöht die Spannung und steigert die Aufmerksamkeit der Kinder.
- Wenn Sie merken, dass die Konzentration der Kinder nachlässt, können Sie die Länge der Geschichte spontan anpassen.
  Lassen Sie dafür weniger wichtige Teile aus dem Mittelteil weg oder verkürzen Sie Stellen mit eigenen Worten.
- Lassen Sie die Geschichten nicht unreflektiert.
  Geben Sie den Kindern Raum, im Anschluss Fragen zu stellen, ihre Meinung oder Ideen zur Geschichte zu äußern.
  Bringen Sie mit einleitenden Fragen ein Nachgespräch in Gang:
  - Wie hat dir die Geschichte gefallen?
  - Würdest du genauso handeln wie die Figur …?
  - Was fällt dir zu dem Thema … noch ein?
  (vgl. Neumann, 2005, S. 37 f.)

Dialogisches Vorlesen

Das Dialogische Lesen findet mit einer vorlesenden Person und einer Kleingruppe oder einem einzelnen Kind statt. Zentral ist bei dieser Vermittlungsmethode die **austauschende Kommunikation** über den Inhalt, den Text und die Bilder des Buches zwischen dem Vorlesenden und den Kindern.

Die Kinder werden **zum Erzählen angeregt** und der Erwachsene hört aktiv zu, stellt Fragen und gibt gezielte Gesprächs- und Denkimpulse zum Bilderbuch. Beispielsweise stellt der Erwachsene dem Kind eine Frage, die es entsprechend seines Vorwissens beantworten kann: „Was macht der Hase auf dem Bild?“, oder eine Frage, die das Kind zum Mitdenken und Sprechen herausfordert: „Wie kommt der kleine Hase nun an die Möhre heran, ohne erwischt zu werden?“. Wichtig ist, dass die Fragen so gestellt werden, dass die Kinder in Sätzen antworten müssen und nicht nur mit „Ja“ oder „Nein“. Dazu eignen sich **offene Fragen**, die sogenannten W-Fragen: „Wer?“, „Was?“, „Wo?“, „Wie?“. Vier-/fünfjährige Kinder können auch durch „Warum?“ und „Weshalb?“ zum Nachdenken und Sprechen angeregt werden. Manche Fragen können zum genauen Hinsehen und Entdecken anregen: „Was fällt dir am Haus auf?“ oder „Was hat das Kind in der Hand?“. Den Kindern können auch Fragen gestellt werden, die sich auf den vorangegangenen Text der Geschichte beziehen, wie etwa: „Und wo hatte sich der Dachs noch mal am Anfang versteckt?“, oder die sich auch auf einen nächsten Handlungsschritt beziehen können: „Was wird der Fuchs gleich tun?“. Auch Fragen, die einen Bezug zum Alltag des Kindes darstellen, regen zum Dialog an: „Bist du auch schon einmal mit einem Bus gefahren? Was hast du da erlebt?“ Manche Fragen regen zur Interpretation eines Bildes oder Textes an: „Warum macht das Mädchen das? Was denkt das Mädchen vielleicht gerade?“ Es können auch **gezielte Fragen** gestellt werden, die die Gefühle der Kinder ansprechen: „Wie fühlt sich das Mädchen wohl gerade?“ oder: „Wie geht es dir, wenn du das siehst?“.
Für den Dialog ist es manchmal sinnvoll, wenn der Erwachsene die Aussage des Kindes einfach nur wiederholt. „Das sind aber große Füße!“ – „Ja, das sind wirklich große Füße!“ Sprachlich nicht korrekte Aussagen der Kinder

sollten stets wertschätzend und in richtiger Weise wiederholt werden, ohne dass es besserwisserisch oder belehrend klingt. Zeigt ein Kind beispielsweise auf das Bild eines Hasen und sagt: „Hase daurig", betrachtet der Erwachsene das Bild genauer und bestätigt: „Ja, der Hase sieht traurig aus".
Letztendlich fällt Kindern in der Regel immer etwas ein, was sie an einer Geschichte und an den Bildern beeindruckt. Sie kommentieren und fragen nach. Bei einem Bilderbuch sprechen weder Bild noch Text ganz für sich und erklären sich von selbst. Beide werfen Fragen auf, die geäußert werden können *(vgl. Merkel, 2010, S. 186).*

Grundsätzlich geht der Erwachsene auf alle Äußerungen des Kindes ein, auch wenn sie inhaltlich von der Geschichte abschweifen. Besonders jüngere Kinder schweifen gerne einmal ab und kommen vom Grüffelo auf die Kühe vom letzten Bauernhofurlaub. Alles, was die Kinder gerade interessiert und sie entdecken, kann Gesprächsinhalt sein und wird wertgeschätzt.
So bekommt das Kind ständig Feedback und bleibt im sprachlichen Dialog. Das Buch ist dabei der gemeinsame Bezugspunkt.

Das Ziel des Dialogischen Vorlesens ist die **Förderung der Sprachfähigkeit** und die Freude an Sprache und dem Medium Bilderbuch. Ältere und sprachsichere Kinder können durch die Methode des Dialogischen Vorlesens im freien Reden bestärkt und unterstützt werden. So können sie beispielsweise zu Mutmaßungen angeregt werden, wie die Geschichte enden könnte.

DAS WICHTIGSTE IN KÜRZE – TECHNIK DES DIALOGISCHEN LESENS

Erwachsener und Kind sind im permanenten Dialog miteinander.
Das Bilderbuch ist ihr gemeinsamer Bezugspunkt.

Gemäß des Entwicklungsstandes und Vorwissens des Kindes:

- die Aussagen der Kinder durch Nachfragen oder Kommentieren, angemessen aufgreifen
- nicht korrekte sprachliche Aussagen wertschätzend in korrekter Sprache wiederholen
- Die W-Fragen „Wer?“, „Was?“, „Wo?“, „Wie?“ können die Kinder zum genauen Hinsehen und Hinhören motivieren.
- Die W-Fragen „Warum?“ und „Weshalb“ laden zum Weiterdenken und Interpretieren der Geschichte ein.
- Fragen stellen, die sich auf bestimmte Teile der Geschichte beziehen
- Fragen formulieren, die einen Bezug zum Alltag des Kindes herstellen.
- Raum für Rückfragen einplanen

MÖGLICHKEITEN, MIT BILDERBÜCHERN HANDELND UMZUGEHEN

In jeder Kita werden Kindern Bilderbücher vorgelesen. Neben dem reinen Vorlesen gibt es weitere Möglichkeiten, um Bilderbücher kindgerecht zu präsentieren und Kinder mit Büchern in Kontakt zu bringen.

Die Leseecke im Gruppenraum

Im Gruppenraum wird eine Ecke eingerichtet, in der sich die Kinder zurückziehen können, um sich Bücher anzugucken oder ein Buch vorgelesen zu bekommen. Die Leseecke sollte so groß sein, dass ca. fünf Kinder gemütlich Platz darin haben. Die Ecke oder Nische sollte möglichst so gestaltet sein, dass die lesenden Kinder nicht durch zu viel Lärm oder andere spielende Kinder gestört werden. Manchmal bietet es sich an, mit Regalen als Raumtrenner eine Zimmerecke zu nutzen, oder auch eine Nische unter einer Treppe auf dem Flur als Leseecke einzurichten. Möglich ist auch ein Zelt oder Tipi, in welches sich Kinder zum Lesen zurückziehen können. Die Leseecke sollte **einladend und gemütlich** gestaltet sein. Ein Sofa, Matratzen, Kissen und Decken, eine angenehme „Leselampe“ und vor allem eine vielfältige Auswahl an Büchern: Diese sollten den Kindern zugänglich sein. Sie sollten ansprechend präsentiert werden, damit sie für die Kinder einen **Aufforderungscharakter** haben. Sie können beispielsweise mit dem Cover nach vorne in ein Regal gestellt werden. Die Bücher sollten nach Entwicklungsstand, Interessen und Themen der Kinder immer mal wieder ausgetauscht werden.

So bekommen die Kinder neue Anregungen. Die Kinder sollen dazu angehalten werden, sorgsam mit Büchern umzugehen. Beispielsweise darf nicht in die Bücher gemalt – und die Seiten nicht absichtlich zerknickt werden. Geht ein Buch dennoch kaputt, zum Beispiel reißt eine Seite ein, wird es gemeinsam, so gut es geht, repariert.

Ein besonderes Kino: das Bilderbuchkino

Eine tolle Möglichkeit, mit den Kindern zusammen Bilderbücher zu erleben, ist ein Bilderbuchkino. Hierzu werden die Bilder eines Bilderbuches wie im Kino auf eine große Leinwand projiziert. Die Kinder sitzen in einem abgedunkelten Raum auf gemütlichen Kissen, Sitzsäcken, Decken oder Stühlen vor der Leinwand und schauen sich die Bilder an. Parallel dazu wird die Geschichte des Bilderbuches von einem Erwachsenen vorgelesen oder erzählt. Ein Bilderbuchkino hat immer eine **besondere Atmosphäre**, insbesondere durch den verdunkelten Raum, die gemütlichen Sitzgelegenheiten. Möglicherweise wird durch Eintrittskarten oder Eintrittstempel und Popcorn die Kinoatmosphäre verstärkt.

Sie können die Bilder eines Bilderbuches entweder mit einer Digitalkamera abfotografieren oder einfach einscannen. Wenn Sie die Bilder auf diese Weise **digitalisiert** haben, können Sie sie per Beamer auf eine Leinwand projizieren oder Sie lassen aus den Bilddateien Dias anfertigen und nutzen einen Diaprojektor. Auf jeden Fall müssen Sie aber beachten, dass Sie all dies nur dann tun dürfen, wenn Sie den jeweiligen Verlag vorher zu diesem Vorgehen um **Erlaubnis** gebeten haben, denn sonst verstoßen Sie gegen das Urheberrecht! Beachten Sie auch, dass eine solche Anfrage etwas Zeit kosten kann. In der Regel sind die Verlage hier aber sehr entgegenkommend.
Die Bilder können in eine Präsentationssoftware, zum Beispiel PowerPoint, eingepflegt werden und über Bildschirmpräsentation und den Beamer auf die Leinwand projiziert werden.

Für das Bilderbuchkino braucht man neben dem entsprechenden Raum, der sich verdunkeln lässt, eine Projektionsfläche für die Bilder. Hierfür können Sie eine Leinwand, eine weiße Wand oder auch ein an die Wand gehängtes, weißes Bettlaken benutzen.

Ein **großer Vorteil** am Bilderbuchkino ist, dass viele Kinder auf einmal die Bilder betrachten können. Jedes Kind kann während des Vorlesens auf das Bild gucken, genau hinsehen und es auf sich wirken lassen. Die Kinder suchen sich einen Platz, von dem sie einen guten Blick auf die Leinwand haben. Setzen Sie sich zum Vorlesen seitlich zwischen die Leinwand und die Kinder, damit Sie die Reaktion der Kinder im Blick haben, Blickkontakt zu ihnen aufnehmen können, um so angemessen auf Situationen reagieren zu können. Ist der Raum sehr abgedunkelt, sollten Sie eine Taschenlampe dabeihaben, um den Text vorlesen zu können.

Bei jüngeren Kindern sollte bedacht werden, dass sie vor Aufregung und Anteilnahme aufstehen und auch zur Leinwand laufen, um etwas zu zeigen. Diese aufregenden Momente sollten abgewartet werden, bevor die Geschichte weitergelesen wird. Es kommt auch vor, dass Kinder sich in einem abgedunkelten Raum fürchten. Entweder können sie in einem solchen Moment etwas Halt bei einem Erwachsenen finden, der sich neben sie setzt, oder der Raum wird so gestaltet, dass es nur so dunkel wie notwendig ist.

Es gibt auch fertige Bilderbuchkinos auf DVD oder als Download zu kaufen. Diese lassen sich über einen Computer und einen Beamer zeigen. Zu beziehen sind diese DVDs oder Downloads beispielsweise über die Verlage, in denen die Bilderbücher erschienen sind. Es besteht auch die Möglichkeit, sich Bilderbuchkinos von Bibliotheken als Download oder DVD auszuleihen. Manche Buchverlage bieten Bilderbuchkinos gratis für Kindertageseinrichtungen an.

INTERNETTIPP

http://bilderbuchkino.de/bilderbuecher/

Ein besonderes Theater: das Kamishibai

Das Wort Kamishibai kommt aus dem Japanischen und bedeutet „Papiertheater“. Zu Beginn des 20. Jahrhunderts fuhren in einigen japanischen Städten und Dörfern Süßigkeitenverkäufer mit dem Fahrrad umher und hielten hier und dort an. Auf ihrem Gepäckträger befestigten sie einen Holzrahmen. In diesen legten sie Bildtafeln ein und erzählten dazu Geschichten. Diese Theatervorstellungen kosteten nichts, der Geschichtenerzähler verdiente sein Geld mit dem Verkauf der Süßigkeiten *(vgl. Brandt, Das Kamishibai Erzähltheater, 2016).*

Heutzutage wird das Kamishibai in Kitas genutzt, um **Bilderbücher zu präsentieren**. Die Bilder werden in den ansprechend gestalteten Holzrahmen gelegt und das Buch dazu vorgelesen. Die Vorteile sind ähnlich wie beim Bilderbuchkino: Durch die großen Bildkarten können viele Kinder zeitgleich gucken und die Bilder in Ruhe auf sich wirken lassen. Die pädagogische Fachkraft sitzt neben dem Theater, wechselt die Bilder aus und liest die Geschichte vor. Die Kinder sitzen auf Sitzkissen oder Decken davor. Durch die Requisiten und Raumgestaltung wird eine besondere **Theateratmosphäre** erzeugt. Ausschlaggebend dafür ist auch der Vorhang des Kamishibais (entweder als Stoffvorhang oder als Bildkarte).

Diese Form der Bilderbuchpräsentation regt zum **Dialogischen Vorlesen** an, denn die vorlesende Person sitzt der Gruppe zugewandt neben dem Theater und kann so gut auf die Kinder und ihre Fragen und Kommentare eingehen. Anders als bei einem Bilderbuchkino, kann nur eine kleine Kindergruppe zuschauen, denn die Bilder sind kleiner und das Kamishibai ist etwa auf Augenhöhe der Kinder platziert.

Ältere Vorschulkinder können selbst Karten für das Kamishibai gestalten und einer Kindergruppe eine selbst erdachte Geschichte präsentieren.

Ein Kamishibai kann im Handel gekauft werden sowie auch die Bilderpakete dazu. Möchten pädagogische Fachkräfte oder Kinder selbst Karten gestalten, so gibt es auch Blankokarten zu erwerben. Möglich ist es selbstverständlich auch, das kleine Theater selbst zu bauen, aber dabei sind die Maße der gängigen Bilder, die es dafür zu kaufen gibt, zu beachten.

INTERNETTIPP

Im Internet finden Sie verschiedene Anleitungen, um ein Kamishibai selbst zu bauen.
Daneben werden auch Bausätze, aus denen ein Kamishibai zusammengebaut werden kann, zum Kauf angeboten. Manche Bibliotheken bieten den Verleih eines Kamishibais und die dazugehörigen Karten gegen eine geringe Gebühr an.

Vorlesen zu Bildkarten

Ist die Anschaffung eines Kamishibais zu aufwändig, besteht auch die Möglichkeit, ein Bilderbuch anhand von selbst gemachten Bildkarten zu erzählen. Es könnten Fotos von den Bildern gemacht und die Ausdrucke groß kopiert werden. Hierbei ist allerdings mit dem jeweiligen Verlag zu klären, ob dieses rechtlich in Ordnung ist. Beim Vorlesen im Stuhlkreis halten Sie jedes Bild für alle sichtbar hoch und erzählen den entsprechenden Text dazu. Sinnvoll ist es, wenn zwei Erwachsene in der Gruppe sind. Während eine für das Zeigen der Bilder zuständig ist, kann die andere das Vorlesen und Erzählen übernehmen.

Geschichtenwanderungen

Ein den Kindern bekanntes Buch wird (groß) kopiert. Die einzelnen Seiten der Bilder werden nummeriert und im Gruppenraum aufgehängt. Nun kann jedes Kind von Bild zu Bild gehen und sich die Geschichte erschließen. Die Geschichtewanderung kann auch durch den Flur oder verschiedene Räume der Kita gehen. Auch das Außengelände kann bei entsprechendem Wetter einbezogen werden. Geschichtenwanderungen können auch im nahe gelegenen Park oder im Stadtteil durchgeführt werden.

Kreative Umsetzung des Bilderbuches – Die Kinder spielen Theater

Ein vorgelesenes Bilderbuch kann mit den Kindern theatralisch und kreativ umgesetzt werden. Damit die Kinder **selbständig** Rollenspiele und Theaterproben durchführen können, sollte darauf geachtet werden, dass entsprechende **Requisiten** in der Rollenspielecke im Freispiel zur Verfügung stehen. Um ein Theaterstück als Produkt zu entwickeln, benötigen die Kinder Unterstützung: Lesen Sie das Buch zunächst vor, sodass es alle Kinder bereits kennen. Anschließend lesen Sie das Buch ein zweites Mal vor, aber anstelle des Zeigens der Bilder entwickeln die Kinder nach jedem Textabschnitt eine Form, den Text darzustellen. Nach mehrfach ausprobierten Ideen legen sich die Kinder auf einen Vorschlag fest. Dieser wird immer wieder wiederholt. **Stück für Stück** entwickelt sich so ein Theaterstück. Hierfür eignen sich insbesondere Bücher, in denen Reime oder bestimmte Sätze stets wiederholt werden. Diese können die Kinder schnell behalten. Das Theaterstück kann mit beliebig vielen weiteren Aktivitäten angereichert werden. So können Kinder beispielsweise Kostüme herstellen, ein Bühnenbild gestalten, Requisiten sammeln, Theaterkarten produzieren usw. Am Ende können die Kinder andere Kinder und Mitarbeiter*innen bzw. ihre Eltern und Freund*innen einladen und ihr Theaterstück aufführen. Auch ein Film ließe sich im Rahmen eines solchen Bilderbuchprojektes gestalten.

Interessant ist es auch, wenn die Kinder das Bilderbuch **frei nachspielen**. Dieses eignet sich für die älteren Vorschulkinder, weil sie in der Lage sein sollten, sich abzustimmen und Kompromisse einzugehen.

Einfacher als ein ganzes Theaterstück ist es, **Standbilder** mit den Kindern zu entwickeln. Einige Requisiten, wie etwa ein Hut, eine Sonnenbrille oder eine Topfpflanze helfen, die jeweiligen Situationen und Figuren zu verdeutlichen. Sie nehmen das Standbild nach der entsprechenden Textstelle ein. Hier bietet es sich an, die Standbilder zu fotografieren, sodass am Ende aus den Fotos ein Bilderbuch gestaltet werden kann.

Es ist auch möglich, Handpuppen oder eigens angefertigte Sockenpuppen zum Theaterspielen zu nutzen.

LITERATURTIPPS

Zur Umsetzung als Theaterstück bieten sich beispielsweise an:

Lionni, Leo: **Frederick.** Beltz & Gelberg. Weinheim, 1967.

Lobe, Mira: **Das kleine Ich bin Ich.** Verlag Jungebrunnen. Wien, 2016.

Das Bilderbuch mit Geräuschen und Bewegungen begleiten

Möglich ist auch, das Buch als **Klanggeschichte** mit Instrumenten, wie Triangel, Hölzchen, Rassel, Trommel etc. zu begleiten. Stehen keine Instrumente zur Verfügung, können die Kinder **Alltagsgegenstände** zum Geräuschemachen zweckentfremden. Ein Löffel kann beispielsweise gegen ein Glas geschlagen werden, zwei Bauklötze werden aneinandergerieben usw. Auch **„Bodypercussion“** ganz ohne Instrumente und Gegenstände ist möglich. Die Kinder können stampfen, klatschen, reiben die Hände aneinander, mit Kussgeräuschen den eigenen Handrücken küssen etc. Die Kinder überlegen sich, welche Geräusche und Instrumente zu welcher Textstelle passen. Sie probieren es aus und legen sich fest. Jedes Kind oder ca. 4 Kinder gemeinsam bekommen ein bestimmtes Geräusch bzw. ein Instrument zugewiesen. Während Sie das Buch vorlesen, spielen die Kinder ihr Instrument an der entsprechenden Textstelle.

Aus Bilderbüchern können auch nach und nach **Bewegungsgeschichten** entstehen. Lesen Sie das Buch vor und beginnen Sie, bestimmte Bewegungen an bestimmten Stellen zu machen, die die Kinder mitmachen. Diese Bewegungen wiederholen sich an entsprechenden Stellen. Wenn etwa der Elefant in der Geschichte auftaucht, stampfen alle Kinder umher.

Das Begleiten des Bilderbuches durch Geräusche und Bewegungen kann auch hervorragend miteinander kombiniert werden.

Für diese kreative Art der Aneignung eines Bilderbuches bieten sich einfach strukturierte Bilderbücher an. Die Geschichte sollte nicht zu lang sein. Möglich ist es auch, sich nur auf einen ausgewählten Teil der Geschichte zu konzentrieren. Die Geschichten sollten keinen Perspektivwechsel haben, sondern mit einer oder zwei Hauptfiguren durch die Geschichte führen.

Lesen Sie den Kindern die Geschichte zuerst ohne Bewegungen und Geräusche vor. Dabei sollten Sie die Textstellen, die später mit Bewegungen begleitet werden sollen, besonders betonen oder übertrieben vorlesen.

Wenn den Kindern die Geschichte vertraut ist, werden entsprechende Bewegungen und Geräusche eingeführt – oder auch gemeinsam erarbeitet und festgelegt.

LITERATURTIPPS

Scheffler, Axel/Donaldson, Julia: **Für Hund und Katz ist auch noch Platz.** Beltz & Gelberg. Weinheim, 2018.
Eine Geschichte über Zusammenhalt und Freundschaft. Die einzelnen Szenen lassen sich gut mit Geräuschen begleiten. Am Ende bilden alle Tiere ein Monster. Hier kann es schön laut werden.

Rathmann, Peggy: **Gute Nacht, Gorilla.** Moritz Verlag. Frankfurt am Main, 2019.
Eine sehr lustige Geschichte über Zootiere, die einfach nicht im Zoo schlafen möchten, sondern beim Tierwärter und seiner Frau im Schlafzimmer. Hier sind besonders die Bewegungen der einzelnen Zootiere gut nachzuahmen, die hinter dem Tierwärter herschleichen.

Wie im Fernsehen – Guckkästen zum Bilderbuchszenen gestalten

Die Kinder gestalten Guckkästen passend zum Bilderbuch. Im Guckkasten kann eine **Szene des Buches** gestaltet werden oder auch das Thema des Buches, wie etwa „im Meer“. Benötigt wird dafür ein Schuhkarton, eine Schere, Materialien zur Gestaltung der Szene (z. B. Perlen, kleine Figuren, Steine, Sand, Watte, Wolle, unterschiedliche Papiere), buntes Papier und Alufolie zum Bekleben der Wände im Inneren des Kartons, Klebstoff. Das Kind schneidet mithilfe einer pädagogischen Fachkraft ein Guckloch in den Karton. In den Deckel wird ein großes Loch geschnitten. Über das Loch wird farbiges Transparentpapier geklebt. Die Innenseiten werden mit Alufolie beklebt. Auf dem Boden wird eine Szene gestaltet. Das Kind guckt immer wieder durch das Guckloch und arrangiert die Szene ggf. neu. Wenn es zufrieden mit der Gestaltung ist, wird alles festgeklebt. Es können nicht nur Dinge an Wände und Boden geklebt werden, es kann auch eine Figur an einem Faden von der Decke baumeln o. Ä.

Lesen Sie das Bilderbuch vor und die Kinder schauen dabei in die Kästen und lassen das Bild, was sich ihnen bietet, auf sich wirken.

LITERATURTIPPS

Pfister, Marcus: **Der Regenbogenfisch.** NordSüd Verlag. Zürich, 1992.
Der schöne Regenbogenfisch mit seinen Glitzerschuppen eignet sich gut, um in seiner Unterwasserwelt in einem Guckkasten gestaltet zu werden.

Lionni, Leo: **Frederick.** Beltz & Gelberg. Weinheim, 1967.
Die Steinhöhle mit den Mäusen, Mäuse beim Sammeln von Nahrung oder die bunten Farben von der Maus Frederick können im Guckkasten gestaltet werden.

Über das Buch sprechen: der Erzählkreis

Der Erzählkreis sollte mit einer kleinen Gruppe mit Kindern ab ca. vier Jahren stattfinden. Die Kinder sitzen auf Kissen oder Stühlen im Kreis. Lesen Sie das Bilderbuch vor und zeigen das entsprechende Bild im Kreis herum. Nach dem Vorlesen schlagen Sie gegen eine Klangschale oder Triangel und **eine Minute der Stille** ist damit eingeläutet. Die Kinder dürfen nicht sprechen und das Buch soll „nachklingen". Nach einer Minute ertönt die Klangschale erneut. Dann beginnt der Erzählkreis. Ein Kind bekommt einen Redestein und beginnt zu erzählen, was ihm zu dem Buch einfällt, was es besonders beeindruckt hat. Hat das Kind zu Ende gesprochen, melden sich die Kinder, die dazu etwas sagen wollen. Das Kind gibt den Redestein an eins der Kinder weiter. Das Kind, das den Redestein hat, darf sprechen. Die anderen Kinder hören zu. Die zuhörenden Kinder sollen das sprechende Kind anschauen. Die Kinder üben dabei, sich sprachlich zu äußern, ohne von anderen unterbrochen zu werden. Sie üben, eigene Gedanken und Gefühle in angemessene Worte zu fassen. Die Kinder lernen im Erzählkreis auch zuzuhören, ohne einen anderen zu unterbrechen. Sie lernen, dass es verschiedene Sichtweisen zu einem Thema gibt, und diese nachzuvollziehen. Ihre Aufgabe ist es, während des Erzählkreises aktiv zuzuhören. Sie wenden sich ganz dem erzählenden Kind zu, ggf. können Sie Sprachimpulse geben oder offene Fragen stellen, um das Kind zum Sprechen anzuregen. Des Weiteren sollten Sie auf die Einhaltung der Regeln besonderen Wert legen.

DIE REGELN DES ERZÄHLKREISES

Das Kind mit Erzählstein:

- Ich darf sagen, was ich denke und fühle.
- Ich darf sprechen, bis ich fertig bin.

Die zuhörenden Kinder:

- Ich höre dem sprechenden Kind zu.
- Ich schaue das sprechende Kind dabei an.
- Ich lasse das Kind ganz in Ruhe erzählen, ohne es zu stören.

Tipp: Anstelle des Redesteins kann bei älteren Kindern auch eine große Sanduhr als Zeitmesser für jeden Redebeitrag genutzt werden. Möglich ist es auch, eine Redekette zu bilden. Wenn ein Kind zu Ende geredet hat, nimmt es das nächste sich meldende Kind an die Reihe.

Lesepaten und -patinnen für die Kinder

Für ein dialogisches und entspanntes Vorlesen benötigen Sie in der Kita nicht nur Bücher und eine gemütliche Rückzugsecke, sondern vor allem Zeit. Im Stress des pädagogischen Alltages ist das nicht allzu oft gegeben. Damit die Kinder dennoch ausreichend vorgelesen bekommen, ist es sinnvoll, Menschen in die Kita zu holen, deren Aufgabe es ist, den Kindern vorzulesen. Dieses können beispielsweise Mütter und Väter sein, die Zeit übrig haben, oder auch Ehrenamtliche aus der Umgebung. Es lohnt sich, einen Aufruf zu starten, und ist auch nur ein Mensch gefunden, der das Vorlesen unterstützt, ist für alle Kinder viel an Leseerfahrung, Zuwendung und Freude gewonnen. Bevor die Lesepat*innen starten, sollten sie eine kleine Einführung „Was muss ich beim Vorlesen beachten?“ bekommen. Hier können sie sich bewusst machen, dass sie langsam und deutlich vorlesen, die Reaktionen der Kinder beachten, immer mal wieder Blickkontakt zu den Kindern aufnehmen sollten usw.

Möglich ist es auch, eine Kooperation mit einer Grundschulklasse einzugehen. Die Schulkinder kommen in die Kita und lesen einem oder zwei Kindern etwas vor. Möglicherweise können sie auch ein Bilderbuchkino für eine Gruppe gestalten, vorbereiten und durchführen.

Autoren- oder Autorinnenlesung

Besonders beeindruckend für Kinder ist es, wenn eine „echte Autorin“ oder ein „echter Autor“ in die Kita kommt und aus dem eigenen Buch vorliest.

Die Kinder haben die Möglichkeit, Fragen zur Geschichte oder auch zur Entstehung der Geschichte zu stellen. Durch eine intensive Autorenlesung bekommen sie einen besonderen Blick auf das Buch, denn anschließend kann der Autor oder die Autorin neben persönlichen Fragen auch Fragen zur Entstehung von Büchern beantworten.

Weitere, kreative Aktivitäten auf Grundlage von Bilderbüchern

Bilderbücher eignen sich hervorragend als Ausgangspunkt für Angebote, Spielimpulse und Projekte. Durch die Bearbeitung von einzelnen Themen, die das Buch darstellt, können diese vertieft werden. Insbesondere Kinder, deren Muttersprache nicht Deutsch ist, haben durch die vielseitige Bearbeitung der Geschichte die Chance, einen anderen als den ausschließlich sprachlichen Zugang zum Bilderbuch und seinem Inhalt zu bekommen.

Die Angebote, die sich auf das Bilderbuch beziehen, können vielfältig gestaltet werden und aus jedem Bildungsbereich stammen.

Zum Beispiel

- Die Kinder gestalten eine Fortsetzung des Bilderbuches. Dafür lesen Sie ein Buch vor und stoppen an einer bestimmten Stelle. Die Kinder überlegen sich das Ende der Geschichte. Möglicherweise stellen sie es auch bildnerisch dar. So können viele Bilderbücher mit demselben Anfang hergestellt werden.
- Die Kinder malen Bilder zum Buch.
- Die Kinder entwickeln einen Tanz zu einer Buchszene (z. B. der Pinguintanz).
- Die Kinder spielen Theater, Schattentheater, Figurentheater, Kaspertheater zum Inhalt des Buches.
- Es gibt eine Turnstunde zum Buch (z. B. zum Thema „Klettern im Gebirge“).
- Es werden thematisch zum Buch passende Lieder gesungen.
- Es werden thematisch zum Buch passende Reime gesprochen.

- Es werden thematisch zum Buch passende Kreisspiele gespielt.
- Es werden thematisch zum Buch passende Ausflüge zu besonderen Orten gemacht oder Besichtigungen durchgeführt (z. B. in den Tierpark oder durch eine Fahrt mit dem Bus).
- Es werden thematisch zum Buch passende Experimente und Beobachtungen gemacht (z. B. können im Winter Vögel beobachtet werden").
- Es werden weitere (Sach-)Bilderbücher zu Themen vorgelesen (z. B. ein Sachbuch über Piraten).
- Es werden thematisch zum Buch passende Requisiten zur Verfügung gestellt, die zum Rollenspiel anregen.
- Es werden Speisen, die im Buch vorkommen, zubereitet.
- Die Kinder gestalten ein Hörspiel zum Bilderbuch.
- Die Kinder gestalten einen Film zum Bilderbuch.
- ...

Beispiel für ein Bilderbuchprojekt – Briefträger Maus

Themen:
Briefträger, Post, Pakete, Tiere

Titel:
Briefträger Maus

Autorin:
Dubuc, Marianne

Erscheinungsort, Verlag, Erscheinungsjahr:
Beltz Verlag. Weinheim und Basel, 2017

Äußere Erscheinungsform:
Wimmelbuch mit ein bis zwei Sätzen Text pro Seite,
Vierfarbenbuch, DIN A4, gebunden, 25 Seiten

Kurze Inhaltsangabe:
Briefträger Maus beginnt den Tag damit, die Postpakete auf seinem Wagen zu stapeln. Dann macht er sich auf den Weg und bringt Briefe und Pakete zu verschiedensten Tieren oder Fabelwesen. Diese wohnen an unterschiedlichen Orten, auf einem Baum, auf einem Berg, im Meer oder in einer Höhle. Briefträger Maus schafft es, jedem Tier – und sei der Weg noch so herausfordernd – seine Post zuzustellen.

Bewertung – pädagogische Bedeutung:
Briefträger Maus ist ein Wimmelbuch, in dem es viele kleine Szenen und Bilddetails zu entdecken gibt. Die Bilder geben viele Anlässe zu Gesprächen, Vermutungen, Spekulationen und Überlegungen. Was hat die Schlange denn alles verschluckt? Was hat die Elster in ihrem Nest? Für wen ist das letzte Paket? Dabei gibt es viel zu lachen und zu staunen. Die Bilder kommen nahezu ohne den Text aus und die Kinder können neue Geschichten zu ihnen erfinden.

Ich sehe was, was du nicht siehst!

Das brauchen Sie:
Buch „Briefträger Maus“

Anzahl der Kinder:
1 – 4

Vorbereitung:
–

So geht es:
Wählen Sie eine Seite des Buches aus und legen Sie sie so auf den Tisch oder den Boden, dass alle teilnehmenden Kinder sie gut sehen können. Das erste Kind beginnt. Es sucht sich ein Bilddetail aus, merkt es sich und sagt: „Ich sehe etwas, was du nicht siehst, und das ist (Farbe nennen) grün.“ Nun darf jedes Kind der Reihe nach raten, welches Bilddetail das Kind wohl meint. „Ist es das Dach vom Haus?“, fragt beispielsweise das erste Kind und zeigt darauf. Ist die Antwort ein „Nein“, so darf das nächste Kind raten usw. – bis die Lösung gefunden ist.

Briefträger Maus in der Turnhalle

Ort:
Bewegungsraum oder Turnhalle

Das brauchen Sie:
Groß- und Kleingeräte

Anzahl der Kinder:
ganze Gruppe

Vorbereitung:
Bauen Sie im Bewegungsraum eine Bewegungslandschaft auf. Diese ist so gestaltet, dass die Kinder als Briefträger Maus Pakete (z. B. Schaumstoffwürfel) in Höhlen, auf Berge und Hügel oder auf einen Baum (z. B. einer Sprossenwand) transportieren können.

So geht es:
Die Kinder haben die Gelegenheit, selbständig mit einigen Spielimpulsen zu spielen, oder Sie führen die Kinder mit einer vorgegebenen Geschichte („Jetzt erklimmen wir den Berg und geben das Paket oben ab. Wie kommen wir gemeinsam auf den Berg? Wer hält das Paket?“) durch die Bewegungslandschaft.

Wir besuchen die Post

Ort:
Postfiliale

Das brauchen Sie:
einen Termin bei der Post

Anzahl der Kinder:
Kleingruppe

Vorbereitung:
Bereiten Sie den Besichtigungstermin in der Postfiliale mit einer Mitarbeiterin oder einem Mitarbeiter vor. Was soll den Kindern gezeigt werden?

So geht es:
Besuchen Sie mit den Kindern eine Postfiliale und besichtigen Sie diese. Die Fragen der Kinder werden dort beantwortet. Wo gibt man einen Brief ab? Wo kommt der Brief dann hin? Was gibt es für Briefmarken? Wer holt die Pakete ab? Etc.

Wir verschicken Liebesbriefe

Ort:
Gruppenraum

Das brauchen Sie:
weißes DIN-A5-Papier, Lippenstifte, Kosmetiktücher, Briefumschläge, Stifte

Anzahl der Kinder:
Kleingruppe

Vorbereitung:
–

So geht es:
Jedes Kind bekommt ein Blatt Papier. Es bemalt sich die Lippen mit Lippenstift oder lässt sich diese von einem anderen Kind bemalen. Dann drückt es die Lippen gegen das Blatt Papier, sodass ein Abdruck entsteht. Unter diesen Kussmund kann das Kind seinen Namen schreiben oder schreiben lassen. Anschließend wird das Papier gefaltet und in einen Briefumschlag gesteckt. Wer soll dieses Küsschen erhalten? Das Kind überlegt genau. Oma? Ein Kind aus der Gruppe? Der Bruder? Das Kind diktiert Ihnen den Namen des Empfängers oder der Empfängerin. Der Brief wird in die Kindergartentasche gelegt oder direkt bei dem*der Empfänger*in abgegeben. Danach können noch weitere Liebesbriefe gestaltet und verschickt werden. Mit dieser Aufgabe sollten Sie sensibel umgehen. Nicht jedes Kind wird sich die Lippen bemalen lassen. Kein Kind sollte dazu gezwungen oder überredet werden. Zudem muss vorher geklärt werden, ob eines der Kinder eine allergische Reaktion auf den Lippenstift bekommen könnte. Das kann auch bei natürlichen Marken passieren. Diese Aufgabe sollte unbedingt freiwillig bleiben.

Das Postauto fährt durch die Kita

Ort:
freie Fläche (z. B. im Turnraum, auf dem Flur, auf einem glatten Belag auf dem Außengelände)

Das brauchen Sie:
Rollbretter, Schuhkartons, Schaumstoffwürfel u. Ä., eine freie Strecke (z. B. ein langer Flur, auf dem keine Kinder spielen), Zeitungspapier, Kuscheltiere, Kissen, Klebeband

Anzahl der Kinder:
Kleingruppe

Vorbereitung:
Die Strecke wird frei geräumt und zum Spielen für andere Kinder gesperrt. Das Spielmaterial wird bereitgelegt.

So geht es:
Die Kinder beladen ihre Paketautos (Rollbretter) mit ihren Paketen. Wie viele Pakete können gestapelt werden? Was sollte unten liegen und was oben? Möglicherweise müssen einige Pakete dafür auch noch eingepackt werden (z. B. ein Kuscheltier in Zeitungspapier). Dann geht es im Eiltempo durch die Kita bzw. die frei gegebene Strecke. Aber Achtung, dass keines der Pakete auf der Strecke bleibt oder zwei Postautos einen Unfall haben.

Stille Post

Ort:
Gruppenraum

Das brauchen Sie:
–

Anzahl der Kinder:
ganze Gruppe

Vorbereitung:
Die Kinder sitzen im Kreis.

So geht es:
Ein Kind beginnt, eine Botschaft zu senden. Es denkt sich einen Satz aus und flüstert ihn dem Kind, welches links neben ihm sitzt, ins Ohr. Das Kind flüstert den Satz wiederum dem Kind, welches links neben ihm sitzt, ins Ohr usw. Bei diesem Spiel darf nicht nachgefragt werden. Jedes Kind gibt das weiter, was es verstanden hat. Das letzte Kind im Kreis darf laut sagen, was es verstanden hat.

Buchausstellungen

Buchausstellungen in der Kita informieren Kinder und Eltern, was es für Bilderbücher zu bestimmten Themen gibt, und **wecken das Interesse**, sich mit bestimmten Büchern auseinanderzusetzen.
Es können Buchausstellungen für Kinder gemacht werden, in denen ausgewählte Bilderbücher zu einem Thema präsentiert werden, welches die Kinder derzeit beschäftigt. Dafür wählen Sie passende Bücher aus dem Bestand der Kita und aus der Bibliothek aus. Manche Bibliotheken bieten sogenannte **„Bücherkisten“** an. Sie stellen zum angeforderten Thema Bücher zusammen, die die Kita als Bücherkiste ausleihen kann. Die Bücher werden auf einem Tisch an einem Ort, an dem Kinder und Eltern in der Kita vorbeikommen (z. B. in der Eingangshalle), ansprechend aufgebaut. Es bietet sich an, Sitzgelegenheiten daneben aufzubauen, damit Eltern und Kinder in Ruhe die Bücher anschauen können. Sowohl Kinder als auch Eltern sollten auf einem Elternabend bzw. im Morgenkreis darüber informiert werden, dass die Bücher zum Anschauen, aber nicht zum Ausleihen sind. Jedes Buch muss wieder an seinen Platz zurückgestellt werden.

Daneben ist es auch möglich, eine Buchausstellung zu machen, in der Kinder ihre derzeitigen **Lieblingsbücher** vorstellen. So ist es denkbar, dass jede Woche ein Kind aus jeder Gruppe sein Lieblingsbuch mitbringt und ausstellt. Als Information für Eltern ist es schön, wenn an jedem Buch ein Zettel befestigt wird, auf dem steht, was das Kind, welches das Buch präsentieren möchte, an dem Buch besonders gut findet. Schreiben Sie die Antwort des Kindes wortwörtlich auf. Ein oder zwei Sätze sind dabei völlig ausreichend.

Wenn die Räumlichkeiten eine solche Art der **Dauerausstellung** nicht hergeben, könnte alternativ auch das „Buch des Monats" einer jeden Gruppe im Wechsel ausgestellt werden. Jeden Monat ist eine andere Gruppe an der Reihe. Gemeinsam besprechen sie, welches Bilderbuch sie derzeit am liebsten vorgelesen kriegen. Ca. drei Bücher werden ausgesucht und eine abschließende Abstimmung für das **„Buch des Monats"** durchgeführt. Zur Abstimmung könnte jedes Buch auf den Boden gelegt werden und die Kinder stellen sich zu dem Buch, was sie gerade am besten finden. Am Ende zählt ein Kind, bei welchem Buch die meisten Kinder stehen. Das „Buch des Monats" wird im Flur auf einem Tischchen oder besonders gestaltetem Hocker präsentiert.

Eine Bücherei in der Kita aufbauen

Insbesondere in Einzugsgebieten, in denen die Hemmschwelle groß ist, eine Bibliothek zu besuchen, oder der Weg zu einer sehr weit ist, profitieren Kinder und ihre Eltern von einer Bücherei vor Ort – in der Kita. Ohne großen Aufwand können sich Kinder und ihre Familien Bücher ausleihen und zurückbringen. Die Kinder können so ihrer Familie ihre Lieblingsbücher zeigen und sie **zum Vorlesen animieren**. So lernen auch die Eltern neue Bücher kennen. Kinder lernen in der kleinen Kita-Bücherei das Prinzip des Ausleihens kennen. Sie lernen, **Verantwortung** für ausgeliehene Bücher zu übernehmen, sie angemessen zu behandeln und unversehrt wieder abzugeben. Passiert einmal ein „Unfall", wie eine eingerissene Seite, die Kritzelei der kleinen Schwester im Buch oder sogar ein verlorenes Buch, so wird das Buch, so gut es geht, repariert und im schlimmsten Fall bezahlt, um ein Neues anzuschaffen.

Der Aufbau einer Kita-Bücherei ist nicht so kompliziert, wie es auf den ersten Blick aussieht. Sie sollte in einem abschließbaren Raum der Kita sein. Letztendlich müssen nur ein paar Regale darin Platz haben und ein Tisch. Die Bücher können kostengünstig von Kinderflohmärkten oder durch **Bücherspenden** angeschafft werden. Ein Aufruf im Stadtteil oder der Gemeinde per Zeitung, Flyer oder Aushang kann unterschiedlichste Kinderbücher zutage bringen. Selbstverständlich sollen alle Bücher, die in die Bücherei aufgenommen werden, zuvor auf den pädagogischen Wert hin geprüft werden.

Die Bücher sollten durch Farben (Aufkleber) sichtbar in Kategorien eingeteilt werden, wie etwa Bilderbücher zu bestimmten Themen, Sachbücher, Vorlesebücher, Wimmelbücher, Bücher für die ganz Kleinen, Bücher für die großen Kitakinder usw. Sie sollten übersichtlich in die Regale gestellt werden und in einer solchen Höhe, dass die Kinder selbständig herankommen können. Weniger kann auch in einer Kita-Bücherei manchmal mehr sein, falls der Platz so begrenzt ist, dass die Anordnung für die Kinder sehr unübersichtlich ist.

Bevor das Ausleihen beginnen kann, müssen die Bücher nummeriert werden (z. B. die Nummer auf die erste Seite des Buches schreiben oder außen einen Aufkleber mit der Nummer anbringen). Jedes Kita-Kind bekommt eine **Ausleihkarte** mit seinem Namen und seinem Zeichen darauf. Die Karten sind in einem Karteikasten. Jede Gruppe hat einen eigenen Kasten, der mit dem Gruppenbild gekennzeichnet ist. So ist es leichter für Kinder, sich zu orientieren und ihre Ausleihkarte zu finden. Das Ausleihen können die Kinder nur mit Unterstützung eines Erwachsenen. Dieses kann eine pädagogische Fachkraft sein. Möglich ist es auch, Ehrenamtliche oder Eltern für die Kita-Bücherei zu begeistern, die die Bücherei zu **bestimmten Zeiten** öffnen und betreuen. Organisatorisch sinnvoll sind Öffnungszeiten während der Abholsituation in der Kita. Hat sich ein Kind für das Ausleihen eines Buches entschieden, sucht es seine Karte aus dem Karteikasten. Mithilfe des Erwachsenen wird die Nummer des Buches auf die Karteikarte geschrieben. Daneben wird der Titel des Buches und das Ausleihdatum notiert. Die Karte wird wieder in den Kasten zurückgelegt. Beim Abgeben können die Kinder ein wenig mithelfen: Sie suchen ihre Karte heraus. Der Erwachsene streicht das abgegebene Buch auf der Ausleihkarte durch und sortiert das Buch zurück ins Regal. Bei einer größeren Bücherei sollte der Erwachsene die Rückgabe auf der Ausleihkarte unterschreiben.

TIPP: SO KOMMEN DIE BÜCHER WIEDER ZURÜCK

Als Einführung in die Bücherei bietet es sich an, dass die Kinder mit ihren Eltern „Ausleihtaschen“ aus Baumwolle mit Stoffmalfarbe bemalen. So hat jedes Kind eine individuelle Tasche, in der es die ausgeliehenen Bücher hin und her transportieren kann. In die Kindergartentaschen und Kinderrucksäcke passen keine Bilderbuchformate. Kinder und ihre Eltern bekommen am Ende der Aktion eine praktische Einführung in die Kita-Bücherei, was wiederum die mögliche Hemmschwelle sinken lässt, diese zu nutzen.

Der Besuch in der Bibliothek – einen Bibliotheksführerschein machen

Kinder können gar nicht früh genug eine echte Bibliothek besuchen. Die **besondere Atmosphäre** in einer Bibliothek gefällt auch Kindern, wenn diese noch kein durchgängiges Interesse an Büchern haben. Mittlerweile sind gute Bibliotheken so ausgestattet, dass Kinder schöne Rückzugsmöglichkeiten haben, um sich allein oder zu zweit Bilderbücher selbständig anschauen zu können. Manchmal sind Hängesessel angebracht, die von der Decke hängen, Hängematten gespannt oder gemütliche Matratzenecken mit Kissen gestaltet. In vielen Bibliotheken gibt es kindgerechtes Spielmaterial.

Manche Bibliotheken bieten für Kinder, die ein Jahr vor der Einschulung sind, einen sogenannten **„Bibliotheksführerschein“** an. Besuchen Sie mit den Kindern regelmäßig die Bibliothek und ein*e Bibliothekar*in führt mit den Kindern ein Programm zum Erwerb des Bibliotheksführerscheins durch. Die Schwerpunkte sind dabei das Zurechtfinden in der Bibliothek sowie das Aussuchen und Ausleihen von Büchern. Zudem geht es auch um ein konzentriertes Zuhören beim Vorlesen und um Gespräche und Ausmalaktionen zum Inhalt des Buches.

Schön ist es für die ganze Gruppe, wenn die Kinder dieser Gruppe Bücher für die Gesamtgruppe ausleihen und diese beim nächsten Besuch in der Bibliothek wieder abgeben. So lernen die Kinder, für die ausgeliehenen Bücher Verantwortung zu übernehmen, sie gut zu behandeln und fristgerecht wieder abzugeben.

Eigene Bilderbücher gestalten

Eine kreative Art, mit Bilderbüchern umzugehen, ist, selbst eines zu gestalten. Kinder haben oft tolle Geschichten im Kopf, die sich in Form eines Bilderbuches darstellen lassen. Dafür braucht man lediglich festes Papier und zum Binden einen Locher und Schnur oder auch einen Schnellhefter, eine Klemmschiene o. Ä.

Zunächst sollte mit den Kindern besprochen werden, **was ein Bilderbuch ausmacht**. Es gibt einen Umschlag, ein Papier mit dem Titel und einige Seiten, auf denen eine Geschichte von Blatt zu Blatt in einigen Sätzen aufgeschrieben ist. Zu den Sätzen einer Seite wird ein Bild gestaltet.

Die Kinder entscheiden sich für eine **Gestaltungsart** der Bilder. Gegebenenfalls können aber auch Sie je nach Fähigkeiten der Kinder schon vorher festlegen, mit welchen Stiften oder Farben die Bilder gestaltet werden. Möglich sind auch Collagen oder eine Fotostory, die, die Kinder passend zur Geschichte, von den Kindern überlegt, fotografiert, ausgedruckt und geklebt wird. Bei der Fotovariante können viele Kinder eingebunden werden. Wer stellt die Figur dar? Wer macht die Ausstattung? Wer fotografiert? Wer ist für eine gute Beleuchtung zuständig?

Steht die Gestaltungsart fest, wird gemeinsam die Geschichte überlegt. Die **Ideen der Kinder** werden gesammelt. Können sich die Kinder auf handelnde Figuren, Themen, Schauplätze und einen roten Faden einigen? Hier ist Ihr Geschick gefragt, den Prozess zu begleiten und das Gespräch zu moderieren. Wenn die Eckdaten der Geschichte feststehen, muss noch die Auswahl der Seiten getroffen werden. Welche Sätze stehen auf einer Seite und was soll davon bildlich dargestellt werden? Hier ist es auch möglich, die Arbeit aufzuteilen, und jedes Kind gestaltet „sein Bild“ für das gemeinsame Produkt. Ein oder zwei Kinder sind für den Umschlag zuständig.

Am Ende werden die einzelnen Papiere zu einem Bilderbuch **„gebunden“**. Am einfachsten ist es, sie in eine Klemmmappe zu klemmen oder sie in einen Schnellhefter zu heften. Hat das Buch wenig Seiten, können die Ränder an der geschlossenen Seite des Buches mit Heftklammern zusammengetackert werden. Etwas besser geschützt werden die Seiten, wenn sie in Klarsichtfolien gesteckt werden oder mit Folien laminiert werden.

WORAN LASSEN SICH GUTE BILDERBÜCHER FÜR KINDER ERKENNEN?

Es ist allgemein bekannt, dass Geschmack immer subjektiv ist. So ist es auch bei Bilderbüchern.

Es gibt jedoch einige Kriterien, die ein Bilderbuch erfüllen sollte, um pädagogisch wertvoll und kindgerecht zu sein. Grundlegend sollte sich jedes Buch an den Bedürfnissen und den Interessen des Kindes orientieren.

CHECKLISTE FÜR GUTE BILDERBÜCHER

Ist der Inhalt kindgerecht?

- ○ Bilden Text und Illustrationen eine Einheit?
- ○ Ist die Geschichte spannend und stimmig?
- ○ Gibt es in der Geschichte eine/oder mehrere Figuren, mit der sich die Kinder identifizieren können?
- ○ Erzählt die Geschichte von Interessen, Erfahrungen und Problemen der Kinder?
- ○ Regt der Inhalt der Geschichte zum Mit- und Weiterdenken an?
- ○ Lässt die Geschichte Raum für die eigene Fantasie?
- ○ Sind keine diskriminierenden oder verletzenden Elemente (rassistische, sexuelle, politische oder soziale Elemente) enthalten?

Sind die Illustrationen kindgerecht?

- ○ Machen die Bilder neugierig auf die Geschichte?
- ○ Gibt es auf den Bildern etwas zu entdecken?
- ○ Sprechen die Bilder die Kinder an?
- ○ Das ist natürlich Geschmackssache – aber die Bilder sollten den Kindern keine Angst machen.
- ○ Finden sich die Charaktere der Figuren auch auf den Bildern wieder? Spiegeln sich die Stimmungen und Gefühle aus der Geschichte in den Bildern?

Ist die Sprache kindgerecht?

- ○ Ist das Bilderbuch in einer zeitgemäßen Sprache geschrieben?
- ○ Fordert die Sprache des Buchs die Sprache des Kindes? Werden zum Beispiel verschiedene Verben und Adjektive verwendet?
- ○ Ist die Sprache lebendig? Gibt es Vergleiche, Metaphern, wörtliche Rede?

(Neumann: Bücherspaß in der Kita, 2005. S. 28/29)

Diskriminierende Elemente in Bilderbüchern entlarven

In vielen Bilderbüchern sind rassistische, sexistische oder auch sozial diskriminierende Elemente zu finden. Dieses fällt Erwachsenen beim ersten Durchblättern und Vorlesen oft gar nicht auf. Sie sollten sich dafür **sensibilisieren**, an welchen Stellen in einem Bilderbuch **Stereotype** vermittelt werden, die zu Vorurteilen und zu Diskriminierungen führen. Sind beispielsweise stereotypische Darstellungen von „Indianern" in den Bilderbüchern? Oder werden die Ureinwohner Amerikas realistisch dargestellt? Viele Kinder wachsen in dem Glauben auf, dass alle „Indianer" wie Yakari aussehen und leben, weil sie dieses durch die Medien vermittelt bekommen. Sind Menschen aller Hautfarben in den Bilderbüchern zu sehen? Und wie werden die Menschen dargestellt? Werden alle Menschen mit dunkler Hautfarbe als Flüchtling dargestellt und eine Türkin stets mit Kopftuch und verhüllendem Kleid?

Schüren die Bilderbücher das **Bild der Familie** von der „Vater-Mutter-zwei bis drei Kinder-Familie"? Oder werden alle Familienformen gleichwertig dargestellt? Sind beispielsweise Familien mit gleichgeschlechtlichen Eltern, Alleinerziehende mit Kindern, Patchworkfamilien usw. in den Bilderbüchern zu sehen?

Sind auch **Menschen mit Behinderungen** Haupt- und Nebenfiguren in den Bilderbüchern? Und wenn ja, wie werden sie dargestellt? Wird das Kind im Rollstuhl als etwas „Sonderliches" und auf Hilfe angewiesenes Kind dargestellt oder unaufgeregt als ein Kind, welches als Hilfsmittel zur Fortbewegung einen Rollstuhl hat?

Letztendlich sollten Sie immer darauf achten, dass alle Bücher **vorurteilsfrei** sind und die Vielfalt unserer Gesellschaft verkörpert wird. Bilderbücher können helfen, über Vorurteile und Diskriminierungen ins Gespräch zu kommen und aufzuklären.

Rollenmodelle für Mädchen und Jungen in Bilderbüchern

Die Bilderbücher, die den Kindern zur Verfügung gestellt werden, sollten dahingehend unter die Lupe genommen werden, welche **Geschlechterrollenbilder** sie verkörpern. Werden Mädchen und Frauen stets als ängstlich, emotional, hilfsbereit und um ein schönes Aussehen bemüht dargestellt und Jungen und Männer als unbesiegbare, mutige, muskelbepackte Kerle, so haben die Kinder nur einseitige, stereotype Rollenmodelle. Sie sollten darauf achten die Bücher dahingehend zu analysieren, welche **Rollenmodelle** sie den Kindern bieten und ob sich die Kinder in den dargestellten Rollenmodellen wiederfinden können. Dazu sollten den Kindern viele verschiedene Figuren, wie Mädchen, Frauen, Jungen, Männer, Intergeschlechtliche in der Bilderbuchauswahl angeboten werden und zudem auch die **verschiedenen Familienkonzepte**, in denen Kinder leben – oder die sie sich für ihre Zukunft vorstellen können.

Hilfreich sind beim Blick durch die „Genderbrille" folgende Fragen:

- Wie viele Männer/Jungen und Frauen/Mädchen tauchen im Buch auf?
- Welches Geschlecht macht was im Buch?
  (Welche Aufgaben haben Männer und Frauen? Welche Spiele spielen Jungen und Mädchen? Welche Charaktereigenschaften haben Männer und Frauen bzw. Jungen und Mädchen? Welche Fähigkeiten zeigen sie? Welche Berufe werden von welchem Geschlecht dargestellt?)
- Werden die Menschen hinsichtlich ihres Aussehens geschlechtstypisch dargestellt (Kleidung, Körperhaltung) ?
- Werden Familien traditionell dargestellt oder werden alternative Familienmodelle gezeigt?

(vgl. Hubrig, 2019, S. 80)

Es gibt auch pädagogisch wertvolle Bücher mit stereotypischen Geschlechterrollen. Diese müssen nicht gleich aus der Kita verbannt werden. Wichtig ist, die Kinder auf Stereotypen **aufmerksam zu machen** und diese zu hinterfragen, wie etwa „Warum arbeiten in diesem Buch nur Männer bei der Polizei? In Wirklichkeit arbeiten dort auch Frauen!".

LITERATURTIPPS

Bilderbücher mit vielfältigen männlichen und weiblichen Rollenbildern:
Lindebaum, Pija: **Franziska und die Wölfe.** Beltz & Gelberg. Weinheim und Basel, 2006.
Lindebaum, Pija: **Paul und die Puppen.** Beltz & Basel. Weinheim und Basel, 2008.
Flamant, Ludovic/Englebert, Jean-Luc: **Puppen sind doch nichts für Jungen!** Picus Verlag. Wien, 2017.
Boie, Kirsten/Bauer, Jutta: **Juli!** Beltz & Gelberg. Weinheim und Basel, 2017.
Hense, Nathalie/Green, Ilya: **Ich hasse Rosa!** Verlagshaus Jacoby Stuart. Berlin, 2009.

Funke, Cornelia/Meyer, Kerstin: **Prinzessin Isabella.** Oetinger Verlag. Hamburg, 1997.
Olten, Manuela: **Echte Kerle.** Beltz Verlag. Hamburg, 2013.

Bilderbuch mit intergeschlechtlicher Hauptfigur:
Rosen, Ursula: **Jill ist anders.** Salmo Verlag. Lingen, 2015.

Bilderbücher mit transgeschlechtlichen Hauptfiguren:
Walton, Jessica/Dougal Allan MacPherson, Dougal: **Teddy Tilly.** Sauerländer Fischer Verlag. Frankfurt am Main 2016.
Usling, Rabea-Jasmin/ Weiß, Linette: **Prinz_essin.** Chilli Verlag. Verl, 2017.

Bilderbücher zum Thema Regenbogenfamilien bzw. alternative Familienformen:
Schreiber-Wicke, Edith/Holland, Carola: **Zwei Papas für Tango.** Thienemann Verlag. Stuttgart, 2006.
Düperthal, Helene: **Mama + Mamusch.** Ich bin ein Herzenswunschkind. Lebensweichenverlag. Lennestadt, 2016.
Lindebaum, Pija: **Luzie Libero und der süße Onkel.** Beltz & Gelberg. Weinheim und Basel, 2007.
Maxeiner, Alexandra/Kuhl, Anke: **Alles Familie. Vom Kind der neuen Freundin vom Bruder von Papas früherer Frau und anderen Verwandten.** Klett Kinderbuch. Leipzig, 2010.
Hoffmann, Mary/Asquith, Ros: **Du gehörst dazu: Das große Buch der Familien.** Fischer Verlage. Frankfurt am Main, 2010.

BILDERBÜCHER FÜR KINDER MIT DEUTSCH ALS ZWEITSPRACHE

Kinder, deren Erstsprache nicht Deutsch ist oder die zweisprachig aufwachsen, **profitieren vom Vorlesen** im Kindergarten. Sie können sich an den Bildern orientieren, die Handlung an den Bildern verfolgen. Beim Vorlesen können sie, anders als bei einem Hörspiel, das Vorlesen unterbrechen und **direkt nachfragen**, wenn ihnen etwas unklar ist. So bekommen die Kinder mehr Sicherheit in der Sprache und lernen gebräuchliche Redewendungen kennen. Die Verknüpfung des Visuellen (Bilder des Buches) mit dem Auditiven (das Hören der Sprache durch die vorlesende Person) erleichtern das Erlernen einer neuen Sprache. Durch das Vorlesen profitieren Kinder insbesondere von der Methode des **Dialogischen Vorlesens**, denn die Aussagen der Kinder werden dabei im korrektem Deutsch wiederholt. Die Sprache wird in einer „richtigen, sinnvollen Situation", dem Gespräch, mit richtigen grammatikalischen Strukturen gelernt *(vgl. Kraus, 2005, S.109 ff.)*. Auch Bilderbücher, die ohne Text auskommen, bringen den Kindern das Medium Buch näher und bieten **kommunikative Sprachanlässe**.

Für die Integration in die deutsche Gesellschaft ist es für Kinder sehr bedeutsam, die deutsche Sprache zu erlernen. Daneben ist es aber auch wichtig, dass Kinder in der Kita Bilderbücher in ihrer Erstsprache vorfinden. Für die Sprachentwicklung eines Kindes ist das **Beherrschen der Erstsprache** ein Grundgerüst für den Erwerb weiterer Sprachen. Ein weiterer bedeutsamer Punkt ist, dass sich die Kinder mit ihrer Herkunftskultur bzw. Sprache gesehen und **wertgeschätzt fühlen**. Die Kinder fühlen sich in der Kita wohler, wenn sie ihre vertraute Sprache und Schrift in der Kita wiederfinden. Öffentliche Bibliotheken haben Bilderbücher in verschiedenen Sprachen im Angebot. Ist die Herkunftssprache eines Kindes nicht zu finden, so können die pädagogischen Fachkräfte sich Bilderbuchtexte durch Übersetzer*innen, z. B. der Eltern, aufschreiben lassen. Eine weitere Möglichkeit wäre auch, dass die Kinder Bücher von zu Hause mit in die Kita bringen. Das Kennenlernen von Bilderbüchern aus **anderen Kulturen** mit einer unvertrauten Ästhetik und Bildsprache ist auch eine Bereicherung für alle Kinder.

Grundsätzlich können zur Kommunikation Bild-Wörterbücher in der Kita hilfreich sein. Die Kinder können auf Bilder zeigen, um auszudrücken, was sie meinen.

TIPP

Eine Vielzahl zweisprachiger Bilderbücher findet sich beispielsweise beim Talisa Verlag.

BILDERBÜCHER ZU HAUSE – ELTERNARBEIT

Grundlagen für die spätere Entwicklung von Sprach- und Lesekompetenz werden im Elternhaus und Kita gleichermaßen gelegt. Auch die Eltern sollten **sensibilisiert werden** und ihren Kindern Zugänge zur Welt der Sprache und des Lesens durch Vorlesen und Erzählen schaffen – und durch einen Haushalt, in dem Bücher selbstverständlich einen Platz haben.
Eltern spielen dabei als **Lese-Vorbilder** für ihre Kinder eine ganz zentrale Rolle. Nur wenn Erwachsene auch lesen, zeigen die Kinder sich interessiert am Lesen und Bücher gehören selbstverständlich zum Alltag dazu. Alltägliches Lesen ist breit gefächert. Etwas Spannendes im Lexikon nachschlagen oder im Internet nachlesen, einen Krimi schmökern, die Tageszeitung durchstöbern oder von einem Lieblingsbuch, was gerade gelesen wurde, erzählen.

Kinder sind zu Hause meist dort, wo ihre Eltern gerade sind. Deshalb ist es sinnvoll, Bücher auch für die Kinder in verschiedenen Räumen zu haben. So können beispielsweise im Wohnzimmer, in der Küche und im Kinderzimmer **Kisten mit Bilderbüchern** stehen, die die Kinder jederzeit selbständig betrachten können. Bei einer kinderreichen Familie könnte jedes Kind eine eigene Kiste haben mit Büchern, die seinem Entwicklungsstand und jeweiligen Interessen entsprechen. Selbstverständlich müssen alle Bücher nicht zwangsläufig dem Kind gehören, sondern können aus der Bücherei geliehen und immer wieder ausgetauscht werden.

Vorlesen in einer für Kinder angenehmen Umgebung und Atmosphäre hat immer einen hohen kommunikativen und sozialen Wert. Kinder bekommen **exklusive Zuwendung**, von Papa, Mama, Oma, Opa oder anderen vorlesenden Personen. Die Kinder genießen das. Beim Auswählen der Bücher lernen die Bezugspersonen die Interessen der Kinder kennen und was die Kinder gerade beschäftigt. Gespräche können über das Buch zustande kommen, die im Alltag vielleicht nicht möglich gewesen wären.

EIN KLEINER, ABER WICHTIGER TIPP

Handys haben beim Vorlesen nichts zu suchen. Es ist schade, wenn die Erwachsenen „mal eben kurz" die eingetroffene Nachricht lesen oder einen Anruf annehmen. Die konzentrierte, vertrauliche Atmosphäre kann schnell zerstört werden.

So wie bei anderen wichtigen Dingen auch, ist es hilfreich, die Vorlesezeit als **Ritual** in den Familienalltag einzubauen. So ist die Gefahr nicht so groß, dass es doch verschoben oder vergessen wird. Ein gängiges Vorleseritual in vielen Familien ist die Zeit vor dem Einschlafen. Manche lesen erst einmal ein paar Bücher vor, wenn das Kind aus der Kita nach Hause kommt und die Nähe und Aufmerksamkeit der erwachsenen Bezugsperson braucht. Möglich sind auch Arrangements, wie eine feste Vorlesezeit am Sonntagnachmittag bei Keksen und Kakao.

EIN KLEINER TIPP, DAMIT DIESE ZEIT NICHT IN VERGESSENHEIT GERÄT

Das Kind bekommt regelmäßig und bedingungslos Vorlesegutscheine von 15 Minuten und darf diese Zeit nach Absprache einfordern.

Eine schöne Aktivität ist es, gemeinsam mit dem Kind in eine Buchhandlung zu gehen oder in eine Bibliothek, in der sich das Kind ein oder mehrere Bücher aussuchen darf, die dann in der gemeinsamen Lesezeit gelesen werden.

Ein Bilderbuchelternabend für Eltern

Dass „Lesen bildet" wissen Erwachsene. Manche Erwachsene lesen gerne selber, haben Bücher in ihrem Haushalt und lesen ihren Kindern regelmäßig etwas vor. Andere Eltern wiederum lesen nicht gerne, haben kein einziges Buch zu Hause. Sie haben eine Hemmschwelle, eine Bibliothek zu betreten, weil sie nicht geübt im **Umgang mit Büchern** sind oder auch nicht gut lesen können. Möglicherweise trauen sie sich nicht, vorzulesen. Auf einem Elternabend können den Eltern Tipps gegeben werden, damit ihren Kindern die Welt der Bücher und Schriftsprache eröffnet werden kann. Dabei können die Väter und Mütter informiert werden, warum Vorlesen wichtig für ihre Kinder ist. Sie können die **Lieblingsbücher der Kinder** vorstellen und Bilderbücher zum Vorlesen empfehlen. Wenn sich die Gelegenheit bietet, könnte der Elternabend in eine Bibliothek verlegt werden oder Sie laden Bibliothekar*innen zum Elternabend ein. So erhalten die Eltern Informationen über die örtliche Bibliothek aus erster Hand. Dazu kann ein Büchertisch aufgebaut sein. Die Bücher können sich die Eltern ausleihen. Für manche Eltern ist es schön, selbst einmal in der Position zu sein, dass ihnen etwas vorgelesen wird. Sie können erleben, wie es sich anfühlt, sich auf eine Bilderbuchgeschichte einzulassen.

TIPP

Manche Eltern könnten sich dabei jedoch degradiert fühlen, wenn ihnen vorgelesen wird. Einfach ein Bilderbuch mit den Eltern zu lesen, könnte auf Unverständnis stoßen, auch wenn es eine schöne Erfahrung ist. Weniger verhängnisvoll ist es, wenn Sie den Eltern Methoden zum Bilderbuchlesen vorführen und im Rahmen dessen ein Bilderbuch beispielhaft vorlesen. Unter diesem Aspekt fühlen sich die Eltern informiert und erleben gleichzeitig die Bildergeschichte.

Die Fragen der Eltern beantworten …

„Wieso soll das Vorlesen so wichtig sein?"

Das Lesen und Vorgelesenbekommen von Büchern fördert die gesamte kindliche Entwicklung. Kinder bekommen ihre volle Aufmerksamkeit und körperliche Nähe. Sie schaffen Gesprächsanlässe durch das Buch. Das Kind wird unterhalten. Sie erleben Geschichten gemeinsam und so oft das Kind möchte. Sie haben es leichter, lesen und schreiben zu lernen, wenn sie mit Schriftsprache und Büchern selbstverständlich zu tun hatten. Bücher regen zum Nachdenken an. Bücher liefern den Kindern Vorbilder, an denen sie sich orientieren können. Sachbücher machen schlau.

„Mein Kind will lieber fernsehen!“

Lesen soll Fernsehen nicht ersetzen. Es sollte Lesezeiten geben, und auch Fernsehzeiten. Beim Fernsehen allerdings geht es oftmals um Unterhaltung. Beim Lesen auch, aber auch um mehr. Insbesondere den Aufbau und die Förderung des Spracherwerbs kann Fernsehen nicht leisten. Dafür fehlt der echte Dialog beim Fernsehen! Außerdem haben Bilderbücher den Vorteil, dass Bilder im individuellen Tempo betrachtet werden können. Bei Bedarf kann auch zurückgeblättert werden. Im Fernsehen sind die Bildabfolgen schnell und nicht ohne Weiteres aufzuhalten. Bilddetails werden übersehen. Selbst die sehr schönen und ästhetischen animierten Bilderbuch-Filme, die es auf DVD gibt, entsprechen durch ihre reduzierte Umsetzung zwar mehr der kindlichen Wahrnehmung als andere Fernsehfilme, aber sie ersetzen dennoch nicht die Nähe zum vorlesenden Erwachsenen und zum wertvollen Dialog, der über das Bilderbuch entsteht.

„Reichen Hörspiele nicht aus?“

Hörspiele sind als Ergänzung des Vorlesens zu betrachten. Durch den persönlichen Kontakt und die echte Präsenz ist das Vorlesen aber nicht durch Hörspiele zu ersetzen. Ein Hörspiel reagiert nicht auf die Reaktion und Fragen der Kinder, denn es findet keine Interaktion statt. Zudem findet beim Vorlesen eine Bild-Text-Interaktion statt, die dem Kind hilft, seine Vorstellungen zur Geschichte zu vervollständigen und zu erweitern. Sie regt zum Weiterdenken an und kann zu interessanten Gesprächen über die Geschichte führen.

Für Vorschulkinder wird die Auseinandersetzung mit Schrift zunehmend wichtiger, je näher der Schuleintritt rückt. Durch das Vorlesen und Betrachten der Bilderbücher können sie erste Verbindungen zwischen Schrift und Wörtern beobachten.

TIPP

Lesen Sie mit Ihrem Finger mit. So kann Ihr Kind erste Wortbilder und andere Leseeigenschaften bei Ihnen beobachten und aufnehmen.

„Noch mal! – Mein Kind will, dass ich immer wieder dasselbe Buch vorlese!“

Kinder haben Lieblingsbücher. Oft müssen Erwachsene ein bestimmtes Buch mehrmals am Tag für einige Wochen vorlesen, bis ein neues Buch dessen Platz einnimmt. Es gibt unterschiedliche Gründe, warum ein Kind ein bestimmtes Buch gerade als Lieblingsbuch auswählt und ein Bedürfnis hat, sich mit ihm **auseinanderzusetzen**. In den meisten Fällen erzählen Bilderbücher von den Gefühlen der dargestellten Personen oder Tiere und der inneren Handlung. Sie gehen in einen Dialog mit den Leser*innen und Betrachter*innen, sodass sie diese tatsächlich ansprechen. Möglicherweise fühlt es sich durch eine Botschaft verstanden, die das Buch gibt, oder die Thematik des Buches beschäftigt das Kind gerade sehr, wie etwa Angst im Dunkeln oder Trennung der Eltern. Vielleicht hat das gute Ende des spannenden Buches einen tröstenden Effekt. Manche Kinder schätzen einen besonderen Witz in einem Buch und können beim Betrachten immer wieder herzlich lachen. Andere sind fasziniert von lustigen Reimen. Manche Kinder sind von bestimmten Bildern fasziniert, die sie immer wieder betrachten wollen.

Möglich ist auch, dass die Kinder ein Buch so lange wiederholen wollen, bis sie Text und Bilder tatsächlich bis ins **kleinste Detail** erfasst haben. Wenn sie neue Anregungen brauchen, wählen sie ein neues Buch aus *(vgl. Merkel, 2010, S. 188).* Es ist also ganz normal und sinnvoll für das Kind, ein Buch so lange vorgelesen zu bekommen und zu betrachten, bis es sich einem neuen Buch zuwendet.

INFORMATIONEN FÜR ELTERN AUF EINEN BLICK – TIPPS, UM KINDER AN BÜCHER HERANZUFÜHREN

Das können Sie tun:

- Stellen Sie Ihren Kindern Bücher und andere Textmedien zur Verfügung (Zeitungen, Zeitschriften, Romane, Kochbücher …).
- Führen Sie täglich ein Vorleseritual von ca. 15 Minuten mit Ihrem Kind durch. Je nach Konzentrationsfähigkeit kann die Dauer länger oder kürzer sein. Die Aufmerksamkeitsspanne hängt zum einen vom Alter des Kindes ab (je jünger die Kinder, desto kürzer die Konzentrationsspanne) als auch von der Tagesform und dem Interesse am Buch.
- Lassen Sie Ihr Kind regelmäßig in einer Buchhandlung und Bücherei stöbern.
- Lassen Sie Ihr Kind auswählen, welche Bücher es vorgelesen bekommen möchte. Erwachsene suchen sich schließlich auch die Romane aus, die sie gerne lesen möchten.
- Reden Sie mit ihrem Kind über die Bücher, die sie gemeinsam gelesen haben.
- Seien Sie ein Vorbild und lesen selbst. Und falls Sie selbst nicht so gerne lesen, lesen Sie einfache Bilderbücher gemeinsam mit dem Kind und vermitteln Sie daran Lesefreude.
- Schenken Sie dem Kind Bücher und dazu ein Bücherregal oder eine Bücherkiste.
- Nehmen Sie Bücher für unterwegs mit, z. B. um Wartezeiten in einer Arztpraxis zu überbrücken, für eine Entspannung auf dem Spielplatz, auf einer Bahnfahrt.

Eltern-Kind-Aktionen rund um das Bilderbuch

Um Kindern und Eltern gemeinsame positive Erlebnisse rund um das Bilderbuch und das Vorlesen zu ermöglichen, können besondere Eltern-Kind-Nachmittage angeboten und gestaltet werden.

Möglich sind beispielsweise:

- ein Bilderbuchkino am Nachmittag
- eine Kamishibai-Vorstellung am Nachmittag
- ein gemütliches Beisammensein mit gemeinsamem Basteln und Gestalten von Lesezeichen
- Eltern und Kinder gestalten zusammen ein Bilderbuch (die einfachste Form: zwei feste Pappen als Buchdeckel, Papiere als Seiten, Papiere und Pappen zurechtschneiden, lochen und mit einer Kordel zusammenbinden oder zusammentackern, Geschichte gestalten, Kinder diktieren und malen, Eltern schreiben es auf).
- Die Kinder bereiten ein Theaterstück/Schattenspiel/Handpuppenspiel zum Bilderbuch vor und führen es auf.
- Die Kinder bereiten eine Buchausstellung vor: „Ich zeige dir mein Lieblingsbuch der Kita."
- gemeinsame Lesestunde mit Gebäck und Getränken in der Kita oder eine „Lesenacht" am Abend mit Taschenlampen
- ein Bücherflohmarkt für alle Eltern der Kita (ggf. Bücherspenden vorher sammeln zum Verkaufen)
- eine Buchtauschbörse für alle Eltern der Kita (Buch gegen Buch tauschen)

Ein paar Worte zum Schluss

Bilderbücher sind bedeutsam für die gesamte Entwicklung der Kinder. Es gibt viele Möglichkeiten, Kinder an Bilderbücher heranzuführen und das Vorlesen auf verschiedene Art und Weisen in den Kita- und den Familienalltag zu integrieren. Ist der Grundstein gelegt und die Kinder gehen selbstverständlich mit Büchern um, so werden sie höchstwahrscheinlich auch im späteren Leben auf Bücher zurückgreifen und lesen. Nicht nur die kindliche Entwicklung wird durch Bilderbücher gefördert, sondern Bücher bereichern den ganzen Lebensweg: Sei es, ob sie zur Entspannung gelesen werden oder ob sie als „Bücher als Fenster zur Welt“ den Blick weiten. Denn wer kennt nicht den Spruch „Lesen bildet!“. Wer weiß, vielleicht geben die Kitakinder die gewonnene Freude an Büchern später wiederum an ihre eigenen Kinder weiter.

Anhang

CHECKLISTE

zur Einschätzung kognitiver Fertigkeiten
im Umgang mit Bilderbüchern

Name des Kindes: ....

Titel des Buches: ....

Datum der Beobachtung: ....

Betrachtungszeit

- ◌ Lässt sich Zeit bei der Betrachtung
- ◌ Betrachtungszeit passt zur Komplexität der Bilder oder des Textes
- ◌ Lässt das Bild in einer Lesepause auf sich wirken
- ◌ Sonstiges: ....

Visuelle Wahrnehmung

- ◌ Erfasst und benennt zentrale Bildelemente
- ◌ Erkennt Details in Gesichtern, Kleidung oder Landschaften
- ◌ Betrachtet alle Bereiche des Bildes gründlich
- ◌ Erfasst räumliche Relationen im Bild gut
- ◌ Sonstiges: ....

Aufmerksamkeit

- ◌ Lässt sich nicht ablenken, ist vertieft
- ◌ Schweift mit Kommentaren nicht ab
- ◌ Hört genau zu
- ◌ Zeigt eine gute Ausdauer
- ◌ Sonstiges: ....

Sprach- und Textverständnis (altersangemessen)

- ◌ Zeigt gutes Verständnis einzelner Wörter
- ◌ Zeigt gutes Verständnis der Geschichte
- ◌ Fragt bei Unklarheiten gezielt nach
- ◌ Beschreibt Bilder oder Figuren adäquat
- ◌ Kann Inhalte gut wiedergeben
- ◌ Sonstiges: ....

Konzeptbildung

- ◌ Erfasst schnell wichtige Bildelemente
- ◌ Erkennt Handlungslinien oder „roten Faden"
- ◌ Verknüpft Bild und Text gut
- ◌ Stellt Bezüge zum Alltag her

(Kain, 2011, S. 46)

Literatur- und Quellenverzeichnis

Quellen

Alt, Katrin:
Mit Kindern Bilderbuchwelten vielfältig entdecken. Basiswissen & Praxisideen.
Beltz Verlag, Weinheim. 2016.
ISBN 978-3407727480

Claussen, Claus:
Praxisbuch Vorlesen. Mit Büchern aufwachsen.
Westermann, Braunschweig. 2011.
ISBN 978-3141621372

Fröhlich, Werner D.:
Wörterbuch Psychologie.
24. Auflage, dtv, München. 2002.
ISBN 978-3423346252

Hering, Jochen:
Kinder brauchen Bilderbücher. Erzählförderung in Kita und Grundschule.
Kallmeyer, Seelze. 2016.
ISBN 978-3780048462

Hubrig, Silke:
Gendersensibles Arbeiten in der Kita.
Beltz Juventa, Berlin. 2019.
ISBN 978-3779960492

Kain, Winfried:
Die positive Kraft der Bilderbücher. Bilderbücher in Kindertageseinrichtungen pädagogisch einsetzen.
3. Auflage. Cornelsen Scriptor, Berlin. 2011.
ISBN 978-3589245321

Merkel, Johannes:
Weißt du was, sprechen macht Spaß. Sprachliche Bildung anregen und unterstützen.
Bildungsverlag EINS, Troisdorf. 2010.
ISBN 978-3867237772

Neumann, Christine:
Bücherspaß in der Kita.
Don Bosco, München. 2005.
ISBN 978-3769815146

Berner, Rotraut S.:
Frühlings-Wimmelbuch.
Gerstenberg, Hildesheim. 2004.
ISBN 978-3806750577

Vom Wege, Brigitte/Wessel, Mechthild:
Kinderliteratur: für sozialpädagogische Berufe: Schülerband.
Bildungsverlag EINS, Troisdorf. 2013.
ISBN 978-3427899204

Internetverzeichnis

https://kindergartenpaedagogik.de/fachartikel/bildungsbereiche-erziehungsfelder/sprache-fremdsprachen-literacy-kommunikation/2346
Brandt, Susanne: **Das Kamishibai Erzähltheater.** 2016.
Letzter Aufruf 16.03.2020.

https://de.wikipedia.org/wiki/Kamishibai
Kamishibai. 2019.
Letzter Aufruf 17.03.2020.

https://kindergartenpaedagogik.de/fachartikel/bildungsbereiche-erziehungsfelder/medienerziehung-informationstechnische-bildung/513
Schlickert, Heinz: **Zur Methodik der Bilderbuchbetrachtung.** 2015.
Letzter Aufruf 13.03.2020.

https://www.elternwissen.com/familienleben/basteln-mit-kindern/art/tipp/wie-maerchen-die-entwicklung-ihres-kindes-unterstuetzen.html
Dr. Schmelz, Andrea: **Wie Märchen die Entwicklung Ihres Kindes Unterstützen.** 2020.
Letzter Aufruf 11.03.2020.

https://www.stiftunglesen.de/forschung/forschungsprojekte/vorlesestudie
Vorlesestudie 2019 – **Vorlesen: mehr als Vor-lesen!** Vorlesepraxis durch sprachanregende Aktivitäten in Familien vorbereiten und unterstützen. Hg.: Stiftung Lesen, DIE ZEIT und Deutsche Bahn Stiftung. 2019.
Letzter Aufruf 08.07.2019.

https://www.stiftunglesen.de/forschung/forschungsprojekte/vorlesestudie
Vorlesestudie 2018: Regelmäßiges Vorlesen erleichtert Grundschülern das Lesenlernen. Hg.: Stiftung Lesen, DIE ZEIT und Deutsche Bahn Stiftung. 2018.
Letzter Aufruf 08.07.2019.

https://www.literaturlexikon.de/genres/phantastische_literatur.html
Kautt, Annette: Phantastische Literatur. In: Rossipotti-Literaturlexikon. Hg.: Annette Kautt. 2016.
Letzter Aufruf 07.03.2020.

https://kindergartenpaedagogik.de/fachartikel/bildungsbereiche-erziehungsfelder/sprache-fremdsprachen-literacy-kommunikation/1892
Kraus, Karoline: **Dialogisches Lesen – neue Wege der Sprachförderung in Kindergarten und Familie.** Hg.: Susanna Roux: PISA und die Folgen: Sprache und Sprachförderung im Kindergarten. Landau: Verlag Empirische Pädagogik 2005.
Letzter Aufruf 17.03.2020.

http://www.kompik.de/entwicklungsbereiche/sprache-und-fruehe-literacy/wissenschaftlicher-hintergrund.html
Storch, S. A., & Whitehurst, G. J.: **Oral language and code-related precursors to reading: Evidence from a longitudinal structural model.** In: Developmental Psychology, 2002.
Letzter Aufruf 13.03.2020.

http://www.kompik.de/entwicklungsbereiche/sprache-und-fruehe-literacy/wissenschaftlicher-hintergrund.html
Whitehead, M. R.: **Sprache und Literacy von 0 bis 8 Jahren.** Bildungsverlag EINS. 2006.
Letzter Aufruf 11.03.2020.

Literaturtipps

Redaktionsteam Verlag an der Ruhr:
Sortieren und Erzählen. Bildergeschichten – Gefühle.
3 – 8 Jahre
Verlag an der Ruhr, 2018.
ISBN 978-3834638182

Redaktionsteam Verlag an der Ruhr:
Sortieren und Erzählen. Bildergeschichten – Tiere.
3 – 8 Jahre
Verlag an der Ruhr, 2020.
ISBN 978-3834643179

Kurt, Aline:
Stark wie ein Gorilla, mutig wie eine Löwin – Resilienz entwickeln und fördern in der Kita. Das Praxisbuch.
3 – 6 Jahre
Verlag an der Ruhr, 2019.
ISBN 978-3834640901

Gros, Cornelia:
Neue Geschichtensäckchen zu Lieblingsthemen in Krippe und Kita.
1 – 4 Jahre
Verlag an der Ruhr, 2018.
ISBN 978-3834638229

Bartoli y Eckert, Petra/ Tsalos-Fürter, Ellen:
Kita-Praxis – einfach machen! Familiengeschichten für 3- bis 6-Jährige. Zum Nachdenken, Miteinander-ins-Gespräch-Kommen und Weitermachen.
3 – 6 Jahre
Cornelsen, 2016.
ISBN 978-3834651099

Wermann, Barbara Maria:
Die Kita-Kinder-Geschichten-Werkstatt. Kreative Sprachförderung für 3- bis 6-Jährige.
3 – 6 Jahre
Verlag an der Ruhr, 2015.
ISBN 978-3834628992

Danner, Eva:
Von Elfen, Wichteln und Zauberern. Fantasievolles für den Morgenkreis.
3 – 6 Jahre
Verlag an der Ruhr, 2015.
ISBN 978-3834628916